互联网 + 职业技能系列创新教材

新华互联网科技
XINHUA INTERNET TECHNOLOGY

创新创业教育与就业指导

束开俊　油锡民　编著

北京希望电子出版社
Beijing Hope Electronic Press
www.bhp.com.cn

内容简介

本书立足于培养学生的创新、创业与就业素质能力，以“实践为主，理论够用”为原则，紧紧围绕“如何创业、就业”主题展开论述。

全书共10章，主要内容包括培养创新之魂、训练创新能力、打造创业根基、把握创业命脉、创业前有讲究、整合创业资源、走好创业第一步、驶入创业轨道、走向就业之路、踏入职场等。本书主要讲述了创意、创新与创业的关系，创新意识的培养，创新思维的开发，创业能力与创业素质的提升，创业机会的识别，风险评估与创业计划的制订，创业资源的整合，创业团队的建设，新创企业的设立与经营，正确面对就业问题和就业指导的意义，求职面试的注意事项，职业角色的转变，就业权益的保护与就业协议签订原则等。全书每个章节均包含创新、创业的基本理论和基本技能训练，旨在全面培养学生的创业意识和创业、就业能力。

本书适合高职高专院校、技工学校作为教材使用，也可供一般社会读者阅读参考。

图书在版编目（CIP）数据

创新创业教育与就业指导 / 束开俊，油锡民编著. —北京：北京希望电子出版社，2022.9
ISBN 978-7-83002-844-2

Ⅰ.①创… Ⅱ.①束… ②油… Ⅲ.①创业—高等职业教育—教材 ②就业—高等职业教育—教材 Ⅳ.①G717.38

中国版本图书馆CIP数据核字(2022)第150292号

出版：北京希望电子出版社
地址：北京市海淀区中关村大街22号
中科大厦A座10层
邮编：100190
网址：www.bhp.com.cn
电话：010-82626227
传真：010-62543892
经销：各地新华书店

封面：汉字风
编辑：龙景楠
校对：周卓琳
开本：787mm×1092mm 1/16
印张：13.25
字数：314千字
印刷：北京昌联印刷有限公司
版次：2022年10月1版1次印刷

定价：35.00元

编　委　会

前　言

随着人工智能的持续进步以及信息技术、机器人技术、无人机技术、无人驾驶技术、无人自动化技术等新兴技术的快速发展，机器人很可能会取代部分甚至全部人类的体力劳动。这一趋势正在加速到来，人类是否会面临一个找不到工作的未来？人工智能将给经济体制和人类社会带来哪些威胁与挑战？我们应该进行哪些就业准备？

21 世纪是知识经济时代，其核心是创新。没有创新，人类社会就不可能有发展。创新，始自创意，成于创造，服务于创业。因此，高素质的技术应用型人才应首先按照以改革创新为核心的时代精神的需要，培养创新能力，塑造创造性人格，提高创造和创业能力，实现个人的全面协调发展和创造性发展。

就业是民生之本，创业是就业之源。目前，在全球疫情十分严重的情况下，世界经济遭受严重冲击，此时应积极谋求新的就业发展策略，争取以创业带动就业。在就业形势日益严峻的今天，只有解决职业院校毕业生的就业问题，积极引导他们接受职业教育，并顺利创业、就业，确保以创新促创业，以创业带动就业，方能满足以人工智能为基础的第四次工业革命时代新要求。

本书在编写过程中突出了以下特点。

1. 案例新颖、实用为主

本书大胆创新，依据“行动导向”“情景探究”等教学方法设计案例，案例新颖、实用。全书每章均包含本章目标、自我思考、开篇故事、创业思考、典型案例、探索活动、能力训练、创业实践、拓展延伸、本章总结等栏目内容。

2. 优化实践教学内容

为培养学生的创业技能，教材特别强化了实践部分的内容，且实践形式丰富多样。

3. 图文并茂

本书配有许多图表，使知识点的讲解更加生动、形象，从而帮助学生更快、更好地理解与掌握相关知识。

由于编者经验和水平有限，书中不妥之处在所难免，敬请谅解并批评指正。

在本书编写过程中，还得到了新华教育集团下属院校的大力支持和帮助，在此表示衷心的感谢！

编　者

2022 年 6 月

目　录

Contents

第1章

培养创新之魂

本章目标

- ❑ 理解创意、创新和创业的概念
- ❑ 掌握创意、创新产生的方法
- ❑ 了解不同领域有哪些不同的创新
- ❑ 了解创业的要素以及创业应具备的基本能力

自我思考

只要来到这个世界，你就是独一无二的，你正在创造独一无二的人生。不管你是谁，你都会以自己的方法影响这个世界，你的创意、你的创新、你的就业或是创业，都可能让世界发生或大或小的改变。

现在请你静静地看看自己，想一想，你的独一无二对你意味着什么？你的独一无二对你周围的人意味着什么？你的独一无二对这个世界又意味着什么？你是独一无二的，是否代表你的人生也一定是独一无二的？假如是，那你想给这个世界带来什么独一无二的礼物呢？

开篇故事：小杨的创业路

她是小杨，高中还没有毕业，就在老师的推荐下选择进入陕西某电脑软件学校学习。在校团委任职的日子里，她第一次学会了穿高跟鞋，有了第一套职业装！更重要的是，她找到了让自己变优秀的途径，也得到了学习锻炼机会。在学校学习的第二年，她很幸运地获得学校给予的补贴，有助学基金，有奖学金！“在那么大一个学校，那一届那么多人，而我能成为优秀学生，真的很荣幸。”小杨接受采访时说。

在学习三维课程的时候，她做效果图时总是找不到感觉，看到其他同学做得特别好，她心里暗暗下决心一定要学好这门课程。她在网上找到很多效果图对比临摹，最后制作出了让老师连连称赞的作品。对此她很开心，并领悟到“做设计必须先打开眼界”的观点。她还建议学校的学弟学妹们用心观察生活，因为生活中的方方面面都是设计和创意的来源所在。

毕业时，她来到创业就业指导中心，用心听取老师的就业指导意见，最终她在考虑再三之后，决定去上海发展。到上海安排好住处，她就开始接受岗前面试培训。上海就业办的陈老师不断地鼓励她，出生在农村的她第一次坐上地铁，拿着老师画的地图去面试单位，最后通过自己的努力找到了工作。工作单位规模很小，是家“夫妻店”，她是唯一的设计师。

三个月后，积攒了一些工作经验的她选择了离职，其间她经历了许多坎坷，差点放弃自己的坚持。后来她在第二家公司工作一年，之后又进入第三家公司。第三家公司是家大公司，在入职时本可以申请设计师的岗位，她却选择申请先做一个月的助理，再转设计师。她很清楚，同级之间充满竞争，若做助理，可以在帮别人做事的时候学到知识。就这样，经过一段时间的培训和学习，她的能力得到全面提升，领导提拔她做了设计师。在工作期间，她与公司每个部门的关系都相处得很融洽，经常和各个部门进行沟通交流，请他们协助自己及时回访客户。在短短的两年多时间里，小杨有了自己追求的方向和生活，她走遍上海所有地铁站，穿坏不少双高跟鞋，脚上的茧是她努力的唯一证明。“为了形象，为了追求自己想要的，一切都值！”小杨说。

忙忙碌碌工作一年后，她选择了辞职，因为此时她心中有了自己的目标——创建一家属于自己的装饰公司，她要按照自己喜欢的方式去努力、去追求。于是，2016年春天她注册了自己的公司，从给公司起名、制订创业计划，到招聘人员、选购设备等，一切从零开始筹划。到了五一，公司还没注册好，她就借朋友公司名义签下自己公司的第一个客户。她几乎每天都在工地监督进度，中午困了就在地下车库的车里睡一会儿。

到六月，她装修了办公室，购置了办公用品。六月底，她的建筑装饰公司开业了！开业那天，她收到很多祝福和花篮，有亲人送的，也有朋友送的。她非常开心，因为在公司开业前就已经签好了四家客户，目前公司运营状况良好。现在的她，心中充满感恩之情，感恩每一次鼓励和认可，感恩人生路上的各位导师！

1.1 创意是创业之魂

创新问题

谈到创意，你首先会想到什么？很多人认为，创意不可捉摸，非常神秘。创意的产生主要靠天才挥洒，灵感爆发。那么到底什么是创意呢？为了方便理解，可从一个问题来切入：当你被鳄鱼咬住大腿时，你会怎么办？奋力挣扎，拼命敲打鳄鱼？这样不仅没用，还会使鳄鱼咬得更紧。下面来看看一个 10 岁的小女孩是怎么做的。

2017 年，美国一个小女孩被一条短吻鳄咬住了腿。情急之下，她伸出食指和中指，堵住了鳄鱼的鼻孔。鳄鱼无法呼吸，只能张开嘴巴。

正好救生员赶过来，把她从鳄鱼嘴里救了出来。

由此可见，创意就是与别人面对一样的问题时，产生出不一样的看法和解法。别人看到的是鳄鱼的鼻孔、呼吸的通道，小女孩看到的是救命的出口、逃生的通道。

创意不只与从事设计、文案等工作的从业者相关，也和你我每一个人密切相关。因为不论是生活还是工作，我们都会遇到各种各样的问题，而解决问题，就需要不一样的看法和解法。只要留心观察，你会发现生活中有很多东西都充满了创意。

创意在创业过程中起着重要的作用，创业是目的，创意是手段，一个好的创意有助于创业取得成功。在进行下面的学习之前，请同学们先思考以下问题：

（1）你怎么理解创意？

（2）如何才能产生创意？生活中你有过好的创意吗？你是否及时将它记录了下来？

（3）假设你要在校园内开一个水果拼盘店，选择哪些与众不同的店名和营销方式，才能让你在激烈的市场竞争中脱颖而出呢？

1.1.1 创意的概念

创意就是指创意思考的过程，即从无到有产生新想法的过程。简单来讲，创意就是破旧立新的创造，是具有新颖性和创造性的想法，是不同于寻常的解决问题的方法。

1.1.2 创意的重要性

拥有好的创意是创业成功的前提条件，是一家企业的核心价值。在产品、价格、品牌、营销同质化现象日趋严重的今天，企业要想从众多竞争对手中脱颖而出，就需要有源源不断的创意，从而不断提升客户的价值体验，最终赢得客户，获得成功。未来的时代是创意的时代，只要我们有心，就不难发现生活中到处充满创意。下面欣赏两幅创意图片（图 1-1、图 1-2），感受一下创意的神奇魅力。

图1-1 悬浮汽车

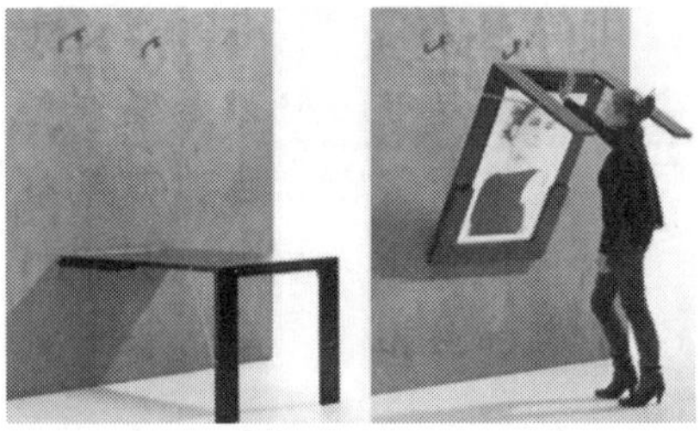

图1-2 创意家具

图 1-1 是四川一位 90 后女孩设计的悬浮汽车概念图。这种创意设计是不是很有科技感？它没有车轮，减少了汽车与地面的摩擦，速度更快，还不会受堵车的限制。

图 1-2 是创意家具，放下来是简易桌子，收起来是壁画，这种多功能家具在现代家具行业很流行。

1.1.3 创意的产生

创意绝不是无本之木，创意来源于生活，是对生活进行长期观察、思考后产生的创造性的新思考，有时也可能是“灵光一现”。创意的功能大概包括三个基本方面：一是对事物观察和积累的过程；二是要分析总结得出结果；三是要有创造性思维，只有重大创造发明才是创意。

一般来讲，创意的产生需要做到以下四点：

第一，广泛收集各种原始数据和资料文件，当然也可以积累常识性知识。

第二，通过分析研究收集的数据和资料并查找它们之间的联系来产生新的思路和构想。

第三，对新思路和构想进行再实践，使之融会贯通。

第四，听取不同意见，完善创意方案以使其能够实际应用。

有时，在生活中我们偶尔会因受某些事物触动而“灵光一闪”，产生一些有创意的想法，这时应及时将这些想法记录下来，否则很快就会忘记。

典型案例：19 岁当老板的职校生

很小的时候，出生在商人之家的小田就有了自己的想法——要创业当老板。在学校学习电子商务课程时更坚定了他的选择。

在陕西就读职业院校时，小田就不断地尝试做生意，刚满 19 岁的他，头脑里都是生意经。后来在老师和同学的帮助下，他决定在网上开家网店，主要经营电线，因为他姑姑经营的就是生产电线、电缆的企业。

半个月过去了，他跑了许多家装公司，有不少公司愿意与他合作，还联系了许多五金网店来合作销售。此外，他还做了竞价排名和引擎搜索等，小网店就这样开业了。

小田的员工都是和他年龄相仿的同学，他们热情地称呼他为田总。为了使自己看起来成熟些，他常常穿中式休闲装。

为了迎接“6·18”活动，他和他的小伙伴们连续工作一周，拍摄商品照片、改版美化网站、制作网店公告等。因为是新开业、新运营，为了打开商品销路，他们不断地和工厂销售人员共同商量对策。“功夫不负有心人”，在“6·18”活动中，他的网店的销售额达人民币 121 万元。网店的小伙伴们高兴地去聚餐庆祝，还邀请了许多老师和朋友。

如今，这个年轻团队的事业做得风生水起，网店经营势头良好。小田考虑不能在同一个网店里什么都卖，于是他提议再开几家网店，如电线网店、电缆网店、开关网店等，使经营更细化。这样做虽然增加了财力和人力等成本，但带来了更高的效益和口碑。

这群学生看似缺乏市场经验，但可塑性很高，加上他们具有创业激情，使得许多企业愿意与他们合作。

据小田介绍，网店目前的经营状况很不错，每天能有上百个订单。只要心中有梦，坚持梦想，勇于尝试，大胆创新，不怕失败，你就是下一个“田老板”!

【案例分析】

创意对创业而言有着重要的作用，有时一个好的创意就能打开一扇创业的大门。正是因为有了将自己的网店精细化这一点子，小田从此走上了创业之路，获得了百万元的收入。

探索活动：开一家水果拼盘店

活动目的

培养创意思维，增强创业信心。

活动背景

水果几乎人人爱吃，但现在的家庭多是小家庭，人口不多，每次只能买一两种水果，不然买多了吃不完，容易造成浪费。这就为我们提供了一个思路，那就是开一家水果拼盘店。

模拟情景

小王是职业学院一名电商专业的女生，希望利用课余时间进行创业。经过仔细考虑，她决定组织几个志同道合的同学在校园的创客空间里开一家水果拼盘店，为同学和老师提供便利而丰富的水果拼盘。

金点子

请为小王的创业项目出谋划策（可分组进行），主要包括如下几个方面：

（1）给拼盘店取一个有创意的店名，使大家容易记住这家小店。

（2）怎样进行创意营销，组织哪些活动将水果快速地推广出去？

（3）怎样实现线上和线下相结合的营销策略 [O2O（Online to Offline）策略]？

（4）怎样搭配水果品种？

（5）怎样设计合理价格策略？

头脑风暴时间为 30 分钟，讨论结束后，每组将讨论结果进行整理，并形成书面报告。

活动检测

活动结束后教师可根据表 1-1 进行评分。

表 1-1　评价表

评分标准	满分	实际得分	备注
店名有创意，让人眼前一亮	20 分		
营销手段新颖、独特，能吸引顾客	25 分		
O2O 策略有效	25 分		
水果品种搭配合理，符合顾客需求	10 分		
价格策略合理	20 分		
总分	100 分		

能力训练：创意能力训练

1. 写出关于塑料汽水瓶的各种可能的用途，越多越好。具体做法是：在一张纸的中间写出你的主要想法，然后拉出线，写出其他想法（每个想法拉出一条线）。比一比谁想出的点子更多、更新奇。

2. 将 12 根火柴棍摆成如图 1-3 所示的图形，构成 5 个正方形。现在请移动两根火柴棍，使之分别构成 6 个和 7 个正方形。

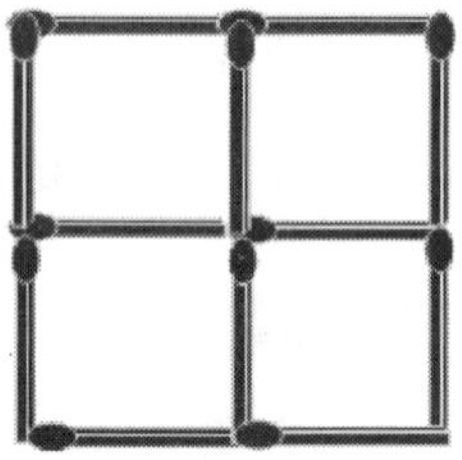

图1-3

3. 请试着参照手机的功能和应用来改造汽车。例如，手机能随身带——发明一种能放在裤兜里的汽车。

拓展延伸

国际著名设计师尤卡在巴黎做国际评委时，因水土不服而腹泻，去药店买药。在语言不通的情况下，几次到药店都无法向药剂师讲明病情。后来他急中生智给药剂师画了一幅画。药剂师立刻明白了他的病情，并开出了适合的腹泻药，治好了他的病。

如果你是设计师尤卡，因心绞痛来药店买药，在语言不通的环境下，你有什么好办法让药剂师明白你的来意？请同学们充分发挥自己的创意，找到解决问题的方法。

1.2 创新即生活

创新问题

创业是一个从无到有的过程。许多时候，我们想要做的事，别人也许已经做了或正准备做。在这种情形下，要想获得成功的话，就需要创新。那么请同学们思考如下问题：

（1）创新是什么？如何培养自己的创新能力？你进行过创新实践吗？

（2）在生活中你是否发现某些日常用品有需要改进之处？具体应如何改进？

1.2.1 创新的概念和特点

创新是指人们在实际生活中对实践经验和创造性活动中不断出现的新问题、新现象、新趋势做出新的预见和把握的过程。创新有如下三个特点：

第一，新颖性，就是前所未有的。

第二，变化性，即要随时代的变化而变化。

第三，实践性，这是检验创新成果的标准。

在现实生活中，人们对科学、艺术、技术、方法、模式、思想、发明、理论等方面的改进都属于创新。

1.2.2 创新的意义

创新是积极参与社会实践，学会理论联系实践，进而学以致用的过程。因创新思维的灵感大部分来源于生活，所以让学生积极参与有效的社会实践，能提高他们的创新意识和创新思维。

典型案例：小汪的小发明

2020 年二三月是新冠疫情最严重时期，当时市场上防护口罩算是紧俏货，很多工厂都加开了口罩生产线，但即使如此还是有许多家庭买不到口罩，于是大家就想办法自己动手加工制作口罩。

当时市场上流行着各种各样的口罩。但大部分口罩对戴眼镜的人群来讲都有一个问题，那就是戴上口罩和眼镜后，即使压好了口罩的上边缘，口中呼出的哈气还是会使眼镜起雾从而影响视线，看不清东西令人烦恼。

没有想到这个问题让一个戴眼镜的中学生给解决了。小汪是河南某中学八年级学生，平时在家里就喜欢研究发明什么的。每次外出戴上口罩和眼镜，让她烦恼的事就是眼镜上有哈气，看不清东西。她走一会儿就得用眼镜布擦拭眼镜，可不一会儿哈气又会出现在眼镜上。气愤的她回到家里就摘下口罩，将口罩前前后后研究了半天，并在本子上画来画去，不时地将画满图的纸揉成一团扔得满地都是。她还拿出剪刀将好好的口罩裁裁剪剪，再粘贴在一起，然后戴起来不停地对着镜子看。妈妈知道她的脾气，就没有多说什么。

一个下午过去了，家里地上都是剪坏的口罩，桌子上放着几个与众不同的口罩，这些口罩的铅条处都多出两个像小耳朵的东西，这就是小汪改造的地方。她先戴上口罩，铅条处长出像老鼠耳朵的东西，妈妈看了笑出声来。然后小汪再戴上眼镜，眼镜的鼻梁脚刚好压在口罩铅条处的“耳朵”上。她使劲地哈气，眼镜上一点雾气也没有，她高兴得跳了起来。

爸爸下班回到家里，看到小汪这么高兴就问她为什么。得知小汪将口罩进行改造，解决了戴口罩后眼镜容易产生哈气的问题，爸爸立即帮她申请了口罩设计发明专利，还联系朋友的口罩工厂大批量地生产这种新型口罩，为戴眼镜的人群解决了起雾问题。

【案例分析】

从上面的案例中可以看出，创新应该是不受限制的，即不受年龄的限制，不受阅历的限制，甚至不受学识的限制等等。创新，需要的是智慧、勇气、耐心以及善于发现的眼睛。

1.2.3 创新的领域

1. 产品方面的创新

产品创新就是指创造某种新产品，或者对老产品的功能进行改造创新，使老产品的性能变得更强大，外观更漂亮，使用更方便，满足人们需求。

例如，2019 年 1 月 12 日，某电视台报道了 3D 打印桥，如图 1-4 所示。这是当今世界上规模最大的 3D 打印混凝土步行桥，意味着我国 3D 打印技术已步入世界先进行列。

2. 技术领域的创新

技术创新是指建立在科学进步的发展基础上，开发生产技术方面的创新，它往往会带来生产成本的降低，并能够提高工作效率。技术的革新又常常促进产品的创新，从而减少人力的浪费，提高作业效率，所以技术领域的创新是产品方面创新的基础。

图1-4　3D打印桥

例如，A 公司在 5G 网络技术领域的发展，带动了许多创新产品的发展，如 5G 手机、人工智能、无人驾驶汽车等。技术创新了，产品的构想也就相应创新了。技术创新就是科技创新中的一种表现形式。

3. 教育领域的创新

教育创新是在教育领域进行的创新活动，其总体目标是培养适应不断发展的社会需要的人，提高全体国民的素质。

在互联网时代科学技术高速发展的情况下，我国教育还是以传统形式为主。要提高全民的文化和教育水平，更应该提倡创新教育，要有创新的目标和能力，全面提升高科技人才水平，目标的实现要靠教育领域的创新活动。

4. 艺术范畴的创新

创新是艺术的灵魂和动力，艺术创新的目的是满足社会大众的文化和精神需求。艺术创新主要包括题材和形式两个方面。

以建筑艺术的创新为例，打破常规的国家体育场（鸟巢）等建筑完整地展现了建筑艺术在形式上的创新。

5. 商业领域的创新

商场如战场。商业经济发展到今天，竞争也越来越残酷，如果消费与投资比例不均衡，会导致生产过剩提前到来，因此商业领域的创新就成为企业健康发展的救命稻草。

大家都知道，有了微信、支付宝后，银行的运营模式都发生了许多变化。当然不仅在商业金融方面有创新，在市场浪潮下，市场的营销创新也层出不穷。现实生活中，只有在产品营销上创新，才能让企业有蓬勃的发展活力，才能健康持续地发展。

典型案例：创新思维抢占先机

有个年轻人想赚钱，于是跟着别人来到山上，打算学别人开山卖石头。

当别人把石块砸成石子，运到路边，卖给附近建筑房屋的人时，他却把石头运到码头，卖给了杭州的花鸟商人。因为他觉得这儿的石头奇形怪状，卖质量不如卖造型。

就这样，这个年轻人很快就富裕起来了。3 年后，卖怪石的他成了村子里第一座漂亮瓦房的主人。

图1-5 果筐

后来，为了保护环境，开山采石被禁止了，政府鼓励大家种果树致富。当地鸭梨汁浓肉脆，香甜无比。每到秋天，漫山遍野的鸭梨引来了四面八方的商客。乡亲们把堆积如山的鸭梨整车整车地运到北京、上海，然后再发往韩国和日本。鸭梨带来了小康日子，村民们欢呼雀跃。这时，那个年轻人却卖掉果树，开始种柳树，因为他发现，来这儿的商客不愁挑不上好梨，只愁买不到盛梨的筐（图 1-5），柔韧的柳条正是编果筐的好材料。5 年后，他成为村子里第一个在城里买房的人。

再后来，一条贯穿中国南北的铁路从这儿穿过，北可达北京，南可抵香港九龙。小小的山村更加开放了，乡亲们由单一的种梨、卖梨起步，开始发展果品加工和市场开发。

就在乡亲们开始集资办厂时，那个年轻人却又在他的地头砌了一道 3 m 高、100 m 长的墙。此墙面朝铁路，背依翠柳，两旁是一望无际的梨园，坐火车经过这里的人在欣赏美景时，总能看到一堵墙和墙上形形色色的广告。据说这是五百里山川中唯一能看到广告的地方。那个年轻人仅凭这道墙，一年又有 4 万元的额外收入。

【案例分析】

这个年轻人通过自己的创新思维，由卖石头，到卖柳筐，再到卖户外广告位，步步抢占市场先机，最终获得了成功。

探索活动：发现生活中的创新

活动目的

开拓思维，体验创新的乐趣。

活动内容

请同学们列出可以进行改进及创新设计的学习、生活用品（至少三种）或专业领域的产品和服务，并说明需要改进的具体方面。

活动检测

活动结束后，教师可根据表 1-2 进行评分。

表 1–2　探索活动评价表

评分标准	实际得分	备注
需要改进的用品数量（每个 10 分，满分 40 分）		
改进的创新性（满分 40 分）		
其他方面（满分 20 分）		
总分（满分 100 分）		

能力训练

1. 阅读下列材料，思考并回答问题。

一家公司的老板想了很多办法来提高公司四个车间的劳动生产率。但是车间劳动生产率提高到一定水平后就很难再提高了。怎么办？有个人给出了一个好建议：由于第一个车间都是男员工，于是增加了几名女员工，效率得到提高。第二个车间都是年轻人，于是增加了几名老成持重的中年员工，效率得到提高。第三个车间都是中年员工，于是增加了几名年轻员工进去，有新鲜活力注入，效率得到提高。那么第四个车间呢？男女老少都有，怎么提高效率？分析发现，这个车间都是本地员工，于是增加了几名外地员工进去，大家就都开始努力工作，效率得到提高。还是这么多人，只是把人员结构调整一下，就有了不一样的效果，这就是创新。

问题：为什么只是对人员结构进行了调整，四个车间的劳动生产率就提高了？这则案例给了我们什么启示？

2. 根据下列材料，进行小组讨论。

创新是很多人都在谈论的一个话题，创新可以开阔我们的思维，也可以改变我们的生活。

有专业人士说："不要做无用的创新。"这一点在一家知名企业的产品上得到了很好的印证。该公司在研发上的投入非常大，有数量众多的专利，但是很多专利都没有应用于产品，还有一部分专利虽得到应用，但没有为公司带来利润。一个新奇的产品，如果不能满足顾客需求，不能给公司带来收益，就算不上创新。

那么，到底什么是真正的创新呢？请同学们以小组为单位就上述问题展开讨论。

拓展延伸

在 CCTV 官网观看《央视财经评论》(2016 年 5 月 30 日)：两院院士谈创新——搞科研如何选对路？

节目组邀请了中国科学院两位院士，剖析了中国的医药创新要以原创为主，不要跟风，要发挥自身民族的医药优势，既要继承既有历史，也应有意识地合理采纳引入现代的方法手段，更好地传承中华瑰宝的精髓，实现具有中国特色的医药创新。

观看完后，请同学们思考：

（1）创新的源泉来自何方？

（2）创新需要哪些驱动力？

1.3 由创新到创业

创新问题

创意产生之后，需要一套切实可行的执行方案将其变成赚钱的生意。也就是说，创意与创业之间，需要一座桥梁来连接。有了很好的创意或点子，如果能够将其商业化，那就可以进行创业了。

那么如何创业呢？首先要了解创业的概念、要素和过程，还应了解创业者应具备的创业能力。创业能力是决定创业成败的关键因素，它是一种融入了团队、沟通、判断、创新等方面的综合性的能力。在进行下面的学习之前，请同学们先思考以下问题：

（1）连接创意与创业的桥梁是什么？

（2）创业过程主要包括哪些环节？

（3）你认为你自己有创业的能力吗？应该如何培养自己的这些能力？

1.3.1 创业的概念

创业，可以理解为一个人根据自己的兴趣、能力、所学专业、习惯等来选择适合自己的工作，然后为这个工作进行充分的准备，最后通过工作来实现自己人生目标的过程。创业的含义大概包括以下几个方面：

第一，创业是一个不断改变和革新的过程，需要做好准备，并为之付出代价。

第二，创业的目的是实现自身价值，丰富自我。

第三，创业的根本目的是利用知识、技能改变自己，成为财富的创造者。

第四，创业要想获得成功，人是第一要素，即创业者要有创业素质。

创业就要承担一定的风险，所以一定要谨慎对待。

1.3.2 创业的基本要素

创业的基本要素应该是人，人决定了创业的成败。创业者要有基本的创业素质，这些素质具体包括创业意识、创业能力、心理素质和专业知识等。

创业人要有创业欲望，这是出发点；要有胸襟、广博的见识、开阔的眼界；要有敏感性，能对事物的发展迅速做出正确判断；要有丰富的资源，如人际资源、知识技能以及广泛的人际网络等都有利于更好地创业；要善于分享，才能使自己在创业路上走得更远，取得更大的成功。

1.3.3 创业的过程

创业过程包括从产生创业想法到创建新企业并获取回报的整个过程，通常可分为以下五个主要环节：

1. 产生创业的想法

创业想法的产生是一个创业者创业的立足点，大多数创业者都有打破现状的意愿，在这种想法的驱动下，创业者才会努力寻找创业项目。所以创业的想法是不满足于现状，想要实现自我价值。

2. 把握创业机会，选定创业项目

把握创业机会并选定好创业项目是创业成功的基础。要想做到这两点，不仅要对自己的兴趣、能力等进行全面、客观的分析，还要细心观察，善于发现，及时把握未来的发展趋势。

3. 制订创业计划

有了创业的欲望，接下来就是制订好创业计划，不能有“走一步，是一步；走一步，看一步”的想法。创业之前，最好能制订一个全盘计划。

4. 准备创业资源

创业资源主要包括创业资金和创业人才，对于学生来讲，这两种资源更是必备的。创业资金来源渠道比较多样，比如合伙投资、银行贷款等，现在政府鼓励大学生自主创业，会为创业者提供优惠的税收政策和贷款条件。

5. 实施创业计划，管理新创企业

按照既定计划开始创业，是创业活动的重点和目的。这一阶段，不仅要求创业者以百折不挠的精神克服一切困难，勇往直前，还要求创业者灵活运用各种方法和策略管理好自己的企业，只有这样，才能取得成功。

1.3.4 创业需要的能力

在现代社会，竞争日趋激烈，创业者能否在竞争中占据优势、成功创业，主要取决于其所拥有的或者能够运用的各种能力。一般来说，创业者应具备以下能力。

1. 创新能力

创新是创业的原动力。创新不仅仅是从无到有地创造某种产品或服务，还包括在以往的基础上对原有产品和方式、方法进行改进。创业者的创新能力往往体现在对技术、管理和营销的创新上。

2. 学习能力

面对日益复杂的市场竞争与合作关系、日新月异的科学技术手段、不断更新的管理理念及各种管理手段，创业者也要不断学习，提升自己。培养学习能力应注意以下几点：

（1）心态归零，吐故纳新。不囿于已取得的成绩，从零开始，保持对周围环境变化的敏感度，不断学习新知识。

（2）精益求精，学有所长。对于创业者而言，学到的知识越多，其能力就越强。但是人的精力是有限的，“门门精通”往往会变成“门门不通”。创业者应该学会选择，在某些领域要精益求精，具备一技之长；在某些领域稍有涉猎即可。

（3）开阔视野，终身学习。当今社会越来越看重个人的学习能力，所以创业者必须树立终身学习理念。拥有学习能力的表现之一就是善于发现学习的榜样，学其长处，补己短板。如果仅仅局限在一个小的范围内，视野得不到拓宽，就会变成井底之蛙，丧失学习的动力和能力。只有走出去，不断接触新事物和新观点，才能找到自身的差距，然后通过不断学习，增强自身实力。

3. 合作能力

创业者之所以需要与他人合作，首先是因为个人的能力有限，其次是因为个人的能力与他人能力具有互补性。创业者要想获得成功，就要与他人合作，知己知彼，找到与他人的互补性和差异性，取长补短，只有这样才能真正找到合作伙伴，并与其携手合作。此时需注意，不要和职业道德差的人合作，也不要和固执己见的人合作。

在创业过程中，与他人合作要注意两点：一是平等合作，创业者与合作伙伴在人格上是完全平等的，是为了一个共同的目标走到一起的；二是互利合作，合作者之间的互惠互助是合作者为了某些共同目标和利益追求，在一定基础上进行的物质和精神的相互配合协作。

4. 管理能力

管理能力涉及企业人员的选择、使用、优化组合，企业制度的建立，资金的聚集、配置、使用，等等。作为创业者，应该管理、经营好自己的企业，将效益最大化。还要学会用人，善于吸纳德才兼备以及比自己能力强的人共同创业。

5. 分析决策能力

分析决策能力具体包括分析能力和决策能力两个方面。对这两方面都有正确的研究，得出正确的结论，决策才能执行。提高自身的分析能力应注意以下三点：一是要做有心人，平时多进行市场调查，在调查的基础上进行决策；二是要养成多思考的习惯，对可能出现的结果进行分析，同时准备好应对措施；三是要向同行多学习，集思广益。决策能力是各种综合能力的体现，主要包括选择最佳方案的决策能力、风险决策能力、当机立断的决策魄力等。

6. 人际交往能力

人际交往能力能否满足现代社会需求，是衡量创业者人际关系能力的标准之一。通过观察交往双方的语言、行为、待人接物的方式等，能看出其素养和性格、学识和修养等。创业者有较强的人际交往能力，可以使伙伴感受到愉快和尊重，还能帮助自己建立良好的人际关系网，从而有利于创业的顺利进行，达到预期的效果。

典型案例：A 公司成功的奥秘

A 公司能够取得如此大的成功的原因，除了管理层的睿智之外，和公司实行员工持股计划也是分不开的。在这家公司，其中 98.6% 的股权开放给员工，而自己只拥有公司 1.4% 的股权，这一举措使得该公司所挣的每一分钱都是全体员工的。

公司老总说：“企业发展就是要发展一批狼。”而狼的特性就是群体意识强，一起狩猎，一起享受猎物，这就是为何这家公司员工总是充满积极性和竞争精神的原因。公司老总大方“分钱”，说明他不仅能和员工共患难，还能做到同富贵。

“经营企业就是经营人”，企业家需要懂得“利他共赢”。对企业家来说，“利他”就是先成就员工，这是实现“共赢”的前提。在企业经营中，企业家应该有这样的胸怀：成就员工，让员工成功。这样才能激励员工，员工才会发挥自己的能动性，企业才能成功。

如何才能成就员工呢？首先，企业家需要清楚员工心里想的是什么。员工来企业工作，其实就是为了“分配”而来的，是为了物质需求和前途而来的。

企业家要懂得用分配机制来满足员工的物质需求，同时用企业的发展远景、发展战略来满足员工的精神需求。只有清楚地认识到员工是为了“分配”而来，才能对症下药，借用分配机制，管理好员工，经营好企业，进而实现员工与企业“共赢”。

【案例分析】

任何企业的成功都与企业决策者的能力是密不可分的。创业者能否在竞争中占据优势、成功创业，主要取决于其所拥有的或者能够运用的各种能力。

探索活动：情景模拟——合伙创办小吃店

活动目的

通过创业模拟使学生在活动中体会创新、合作、执着在创业过程中的重要作用，培养学生的决策能力、创新能力、经营管理能力和人际交往能力。

活动内容

以 5 名同学为一个创业团队，模拟合伙开一家小吃店。另外，留下 3 名同学，1 人模拟房东，另外 2 人模拟客人，给各创业团队的小吃店打分。小吃店启动资金为 20 000 元。

其中，房租为 3 000 ~ 5 000 元；店铺装修和设备费为 5 000 ~ 10 000 元；其他为现金储备。

具体活动流程如下：

（1）各小组内部协商，确定组织架构和分工，包括店长、厨师、采购员、服务员等。

（2）各小组派出人员与房东谈判，争取以最低的房租租下店铺。

（3）各小组内部协商，确定经营的项目、店铺装修方式和营销策略等（要有特色，有创意）。

（4）将以上第（2）（3）条的结果记录在纸上。

（5）模拟客人的同学到各小组查看，并根据表 1-3 的内容为各小组打分。

表 1-3　探索活动评价表

评分标准	满分	实际得分	备注
人员分工是否合理	20 分		
房租（房租越少，分越高）	40 分		
经营项目的创意效果	20 分		
店铺装修的创意效果	20 分		
营销策略的创意效果	20 分		
总分	100 分		

能力训练：创意思维

请充分发挥你的想象力，用如图 1-6 所示的图形创造出你的想象。

（1）分组讨论每个同学的创意想象。

（2）利用计算机设计出想象图来展示。

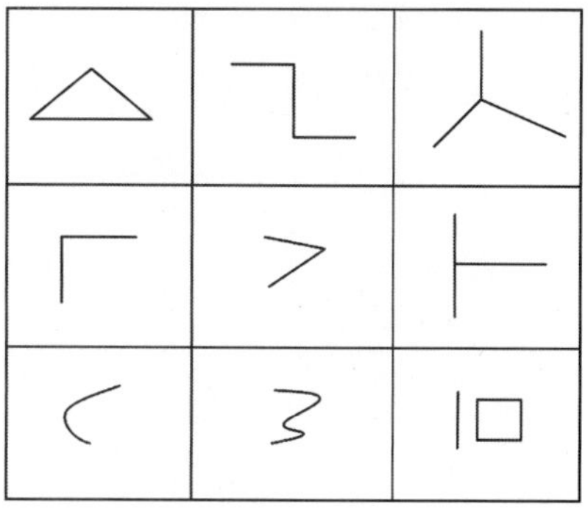

图1-6

拓展延伸

请同学们从生活中捕捉“痛点”(最好能结合自己的专业)，然后想出一个解决这个“痛点”的金点子，进行创业计划设计。具体实施步骤如下：

（1）确定项目负责人，由项目负责人组建团队，每 4 ～ 6 人为一团队。

（2）以团队为单位进行头脑风暴，探讨项目方向，形成项目主题和内容。

（3）在下次理论课时，由每队各派出一名代表组成评委团。

（4）各队派代表在班级分享团队的创业主题和内容，由评委团对其进行评估，并提出建议。

（5）分享结束后，各队根据评委团的建议对本团队的创业项目进行完善，形成可行性方案。方案中应包括经营团队人员及各自职责、供货渠道及供货商、项目的设计及发布商品资料等相关工作、项目的经营管理（业务洽谈、售后服务、项目的营销与推广）等。

本章总结

本章主要讲述了以下几个方面的内容：

❑ 创意、创新和创业的概念，创意是具有新颖性和创造性的想法，是破旧立新的创造，是不同于寻常的解决问题的方法，明白创意在创业过程中起着重要的作用；明白创业是目的，创意是手段，没有创意的创业是无源之水。

❑ 创新有三层含义：更新，创造新的东西，改变。换句话讲，并不是说只有重大的发明创造才是创新。在实际生活中，对各种产品、工作方法、商业模式、服务模式的改进等都属于创新。

❑ 思维能力、创新能力在创业过程中起着重要的作用。

第2章

训练创新能力

本章目标

- ❑ 了解六种创新思维方式
- ❑ 了解常见的创新思维枷锁，并掌握突破创新思维枷锁的方法
- ❑ 掌握头脑风暴、奥斯本检核表法、5W2H分析法、组合创造法和分析列举法等五种创新分析方法

自我思考

创新、创业是人类独有的能力，也是一个永恒的话题，更是体现个人价值的最好方式。大到民族发展、企业兴衰，小到个人的成败得失，都离不开创新。但创新不是异想天开，也不能信手拈来。

请同学们思考一下：你是否经常人云亦云？是否总是效仿别人的说法、做法和想法？有没有提出过什么创新建议？

开篇故事：彭先生和他的彩色豆浆

今天的彭先生，不但拥有“彭家豆浆”品牌、彭家食品加工厂，还发展了市内外几十家分店。“彭家豆浆”成为市里重点扶持的创业项目。

七八年前，创业无门的彭先生无奈继承了父业，靠卖豆浆养家糊口。不甘平庸的他凭着勤劳的双手和灵活的头脑，在父亲留下的豆浆小作坊里研制加工出了红枣豆浆、糯米豆浆等一系列新品豆浆。

起初，彭先生骑着农用三轮车，拉着豆浆在全市走街串巷地叫卖。他卖的豆浆不论大人和小孩都喜欢喝。终于，他的豆浆生意做出了名堂，开起了自己的豆浆专卖小店。

彭先生不满足于现状，他积极创新，把芹菜、辣椒、胡萝卜等蔬菜经过科学加工，制成蔬菜粉，再将蔬菜粉拌入豆浆中，制作出一杯杯五颜六色的蔬菜豆浆。彩色的豆浆不但外观好看，而且喝起来更是爽口。为使彩色豆浆更具营养和保健价值，他又潜心研究，把芝麻、枸杞等营养食材拌入豆浆中，这样一来，彭家豆浆不但是一种美食，更成为一种营养保健品，深受人们的喜爱。

如今，彭先生和他的彭家豆浆不断做大做强，即将跃上一个新台阶。

2.1 创新思维

创新问题

创新需要创新思维，创新思维是创新活动的灵魂和核心。创新思维是指人们在提出问题和解决问题的过程中，对事物之间的联系进行前所未有的思考，从而创造出新事物的思维方法。创新思维的方式有很多种，常见的、主要的创新思维方式有逆向思维、集中思维、发散思维、联想思维、逻辑思维和灵感思维。我们要想具备创新思维就应当改变思维方式，善于运用逆向思维、发散思维、集中思维等方式来思考问题，从而发现解决问题的新途径、新办法。在进行下面的学习之前，请同学们思考以下问题：

（1）什么是创新思维？

（2）如何才能培养自己的创新思维能力？

2.1.1 逆向思维

逆向思维也叫反向思维、求异思维，它是对司空见惯的似乎已成定论的事物或观点反向思考的一种思维方式。例如，有人落入装满水的水缸中，常规的思维模式是“救人离水”，而司马光面对紧急险情，运用了逆向思维，果断地用石头把缸砸破，“让水离人”，从而救出了小伙伴。

逆向思维法总共有三种类型：

反转型逆向思维法：是指将通常思考问题的思路反过来的一种思维方法。

转换型逆向思维法：是指在解决问题时，由于解决该问题的方法受阻，而转换成另一种方法，或转换思考角度来解决问题的一种思维方式。如司马光砸缸的故事。

缺点型逆向思维法：是指利用事物的缺点，将缺点变成可利用的东西的一种思维方法。

典型案例：巧过天桥

从前有一天，一辆货车在通过一座天桥时，司机没有看清天桥的高度标记，结果车正好被卡在了天桥下面。因为当时车上装的货物很重，所以一下子很难把货车开出来。为了弄出这辆货车，司机和当地交管部门的工作人员想了很多办法，都无济于事。这时，旁边围观的一个小孩子走了上来，笑着说："你们为什么不把车胎的气放点出来呢？"大家一想，都觉得这确实是一个办法。于是，司机便放了一点车胎气，使货车的高度降了下来，最终汽车顺利地通过了天桥。

这就是逆向思维的奇妙之处，小孩子运用逆向思维，想到了他人没有想到的方法，巧妙地降低了货车高度，顺利通过了天桥。

【案例分析】

逆向思维方式告诉我们，常规方法有时不能解决问题，反而会约束我们的思路，影响我们的创造性。这时，一定要让思维适时地"转弯"，从相反的方向去思考问题，也就是采用逆向思维法去思考，这样才能引出新的思路，让问题迎刃而解，达到"柳暗花明又一村"的效果。

2.1.2 发散思维

发散思维是指在研究事物或探讨问题时，呈现出的活跃和开放状态的思维模式。

俗话说："条条大路通罗马。"人的思维也是一样，面对一个问题，应该多角度思考，尽可能多地提出解决方案，暂不论方案是否可行，只求多、求新、求独创、求前所未有。

发散思维是思维方式由单向思考转为多向思考或者立体思考，它没有一定的方向，也没有一定的范围，既不墨守成规，也不拘泥于传统。一定程度上说，人与人之间创新能力的差别就体现在发散思维能力上。

发散思维方式要求同学们勤于实践，注意有意识地训练自己的思维，使自己的思维处于活跃的状态。每当遇到问题时，应当尽可能摆脱旧有思维方法的束缚，运用新观点、新方法，得出新结论，显示独创性。按照这个思路进行思维方法训练，使自己逐渐具有多方位、多角度、多方法的思维能力。

2.1.3 集中思维

集中思维是指在发散思维基础上，将获得的若干信息或思路重新组织，使之指向一个正确的答案、结论或方案。具体说来，就是对发散思维提出的多种设想进行分析和选择，然后选出其中最有价值的一个，再对其进行分析细化，从而获得一个最佳方案。

集中思维与发散思维，如同“一枚钱币的两面”，是对立的统一，具有互补性，不可顾此失彼。实践证明：只有既重视发散思维的培养，又重视集中思维的培养，才能更好地促进思维发展，提高自身的学习能力和思考能力。

2.1.4 联想思维

联想思维是指在原先并不相关的事物之间搭起一座认识的桥梁，将表面看来不相关的事物联系起来的一种创新思维方式。联想思维可以使我们拓展思路、提升认识、把握规律，它又可细分为以下几种。

1. 接近联想

接近联想是指由一事物联想到和它在时间上或空间上存在极大关联的另一事物。例如，由“阳春三月”联想到“桃花”，由“天安门”联想到“人民大会堂”，由三角形的外角和是360°联想到四边形、多边形的外角和是不是也都是360°等。

2. 对比联想

对比联想是指由一事物联想到和它具有相反特点的另一事物。例如，由朋友想到敌人，由水想到火，由战争想到和平等。

3. 相似联想

相似联想是指由一事物联想到另一个与它在外部特征、性质上接近或相似的事物。例如，由大海想到海浪，想到鱼群，想到轮船，想到海底电缆，想到资源的开发和利用等。

4. 关系联想

关系联想是指由事物所具有的各种关系而形成的联想思维。

2.1.5 逻辑思维

逻辑思维是人们在认识事物的过程中借助概念、判断、推理等思维形式能动地反映客观现实的理性认识过程。只有经过逻辑思维，人们才能把握事物的本质。例如，不管采取哪些创新思维的方法，都可能提出多种新设想，而对新设想的可行性进行对比和分析以得出正确结论的过程，就是运用逻辑思维的过程。

2.1.6 灵感思维

灵感思维是指在事物的接触及思考中，因受到某种启发而产生的创新思维方式。它同顿感思维一样，是在科学研究和文学艺术创作中经常出现和运用的一种创新思维方式。

由于这种创新思维方式具有转瞬即逝的偶发性，所以，要善于抓住这种稍纵即逝的灵感思维，然后进行深入思考和研究，以促成新事物的出现或疑难问题的解决。

典型案例：即时贴的发明

即时贴是一种常见的办公用品，有很多的种类和样式，那么你知道即时贴是谁发明的吗？

有位美国化学家，他想发明一种黏性较强的胶水，于是就研究各种各样的胶。但是他最终配制出的配方胶水黏性不是很好，粘东西不够牢固，他很失望，没有人用他的胶水，当然就没有人重视他的工作了。过了好久，公司里的某个研发小组偶然将他的胶水涂抹到商品商标的背面，然后在商标正面涂上蜡，于是大家常见的即时贴就这样诞生了，这个化学家就是斯宾塞 · 希尔弗。

现在我们身边的门贴、窗贴、墙贴和小小的便签纸等，都是由即时贴演变发展来的。

【案例分析】

胶水的黏性不强，按照正常的思维，我们会认为这是一项失败的技术，但是斯宾塞 · 希尔弗运用逆向思维，利用胶水黏力不强的特点，发明了便签这样一种符合市场需求的产品。正向思考是很多人都具备的一种思维能力，但逆向思维是许多人没有留意到的，这也是人与人之间思维差距的所在，创新需要逆向思维，我们应在平时的生活中，注意观察和思考，培养自己的逆向思维能力。

探索活动：探索中国运动服装业的发展

活动目的

培养学生的创新思维能力。

活动内容

2014 年以来，中国运动服装零售行业发展疲软，即使打两折、三折也无人购买，很多中国运动服装品牌都在寻找新的出路。

请同学们思考：中国运动服装企业面对市场竞争压力，该如何开拓中国本土市场，打破商业领域固有的理念和框架，走出自己的经营之路？请同学们开拓自己的思维，寻找解决方案。

活动检测

活动结束后，教师可根据表 2-1 进行评分。

表 2–1　探索活动评价表

评分标准	满分	实际得分	备注
说明服装企业现状	20 分		
想出解决问题的方案	30 分		
给出详细方案	20 分		
方案有新意	30 分		
总分	100 分		

能力训练

1. 逆向思维训练

（1）又哭又笑

①活动目的：逆向思维反应训练。

②活动规则：大家一对一玩“剪刀石头布”的游戏，规则是胜利方都要做出“哭”的表情，失败方要做出“笑”的表情，双方谁做错就要被淘汰，接着再换另一个挑战者。

______

______

（2）反口令

①活动目的：逆向思维反应训练敏捷性。

②活动规则：所有学生按6人一组分组，每组站成一排，与另一组面对面站立。先测试其中一组，老师说“起立”，学生就要做出坐下的动作；老师说“请举右手”，学生就要举左手；老师说“向后转”，学生就要站着不动，即学生要做出和老师指令相反的反应。哪组做错了即为输。

______

______

2. 发散思维训练

（1）请在5分钟内尽可能多地写出带有数字一至十的词汇，如一心一意等。与朋友比赛，写得多且错误少即获胜。

______

______

（2）尽可能多地说出冰块的用途。

______

______

（3）设计出更漂亮新颖的伞。

______

______

（4）尽可能多地列出肥皂的用途。

______

______

（5）尽可能多地写出“缓解上班高峰期电梯拥挤”的方法。

______

______

（6）A能够影响B，如：书籍能够影响人的身心。写出另外4种A和B的关系。

______

______

（7）用下列 5 个关键词编故事，看谁的思维最发散。

规则：所编故事一定要用到所有的关键词，无先后次序，长短不限，看谁编得最好。

关键词：古怪、台风、一棵树、杂货店、勇士

3. 集中思维训练

（1）下列每组词汇，哪一个与众不同？

①房屋、冰屋、平房、办公室、茅舍

②沙丁鱼、鲸鱼、鳕鱼、鲨鱼、鳗鱼

（2）填上缺失的数字或字母。

① 2、5、8、11、(　)

② 2、5、7

4、7、5

3、6、(　)

③ E、H、L、O、S、(　)

（3）假如你是一家钟表商店的经理，要在店门前挂两个大的钟表模型，你认为时针和分针摆在什么位置上最好？

（4）三个孩子中有一个人偷吃了苹果，一个人说了真话。请找出偷吃苹果的孩子，并说明理由。

小明：“我向来守规矩，没有偷吃苹果。”

小兵：“不，小明撒谎。”

小刚：“小兵胡说。”

4. 联想思维训练

（1）列出以下事物的相似之处，越多越好。

桌子和椅子

人才市场和商品市场

工厂和学校

（2）遇到交通堵塞，车辆排起了长龙，你会有什么联想？

（3）看到新生入学的场景，你会联想到哪些相近的事物？

（4）“举头望明月，低头思故乡”是诗人在描写异乡客触景生情、思念家乡的思维活动，诗人是用什么联想方式进行描述的？

（5）西瓜和吸管是没有任何关系的两样东西，可以通过联想，使两者产生联系。如：西瓜—打孔—插入—吸管—新鲜果汁。那么，请同学们想一想：

①天空和茶有什么联系？

②钢笔和月亮有什么联系？

5. 逻辑思维训练

（1）有 8 个同样大小的杯子，其中 7 杯中盛的是凉开水，1 杯中盛的是白糖水。能否只尝 3 次，就找出盛白糖水的杯子来？

（2）小红买了一条漂亮的裙子，同学们没有见她穿过这条裙子，于是纷纷猜测裙子的颜色。小梅说：“你的裙子不会是青色的。”小黄说：“你的裙子不是黑色就是黄色。”小倩说：“你的裙子一定是黄色的。”同学当中至少有一人猜对了，有一人猜错了。那么小红的裙子究竟是什么颜色的？

（3）一个人花 8 元钱买了一只鸡，9 元钱将鸡卖掉，然后他觉得不划算，又花 10 元钱将鸡买回来了，再以 11 元的价格卖给另外一个人。问他赚了多少钱。

（4）烧一根不均匀的绳子要用一个小时，如何用它来判断半个小时？

2.2 束缚创新思维的枷锁

创新问题

法国生物学家贝尔纳曾说：“妨碍人们创造的最大障碍，并不是未知的东西，而是已知的东西。”人，只有启动创造的灵感，并把它应用于生活，才能有崭新的发现。了解阻碍创新思维的枷锁，可以避免我们的思维受到束缚。在进行下面的学习之前，请同学们首先回答以下两个问题：

（1）束缚创新思维的枷锁有哪些？

（2）如何才能摆脱思维枷锁的束缚？

2.2.1 常见的创新思维枷锁

束缚创新思维的枷锁大致有以下五种：

1．从众型思维枷锁

大多数人都有从众心理，即人云亦云，没有独立思考的习惯。例如，流行的穿衣打扮并不一定适合每一个人，但大众往往有跟风的心理，喜欢追随和附和，即使不适合也要随大流。

2．权威型思维枷锁

权威枷锁是指思维中的权威定式。每个人都在教育中成长，权威性的教育很容易在人的大脑中形成思维定式，即权威都是正确的，是无可挑剔的，认为权威就是真理，这样不利于独立思考能力和挑战权威、勇于创新的意识的培养。一味盲从权威，青年学生的思维就失去了积极主动性。

典型案例：苹果的香味

有一次，哲学家苏格拉底在给学生上课的时候拿出一个苹果说："请大家闻一闻今天教室里空气的味道！"有名学生站起来回答："我闻到了苹果的香味！"苏格拉底走下讲台，他举着苹果，缓缓地从学生的面前边走边问："大家再仔细闻一闻，空气中有没有苹果的香味？"

开始有一半的学生都说有苹果香味。于是苏格拉底又走回讲台，反复问刚才的问题。这时，仅仅一名学生没有举手，其余的学生都举手表示有苹果香味。苏格拉底走到那名学生面前，问："难道你真的什么气味也没闻到吗？"那个学生一本正经地说："我真的什么也没闻到！"苏格拉底微笑着对大家公布结果："他是对的，因为这是一只假苹果。"这个学生就是著名的哲学家柏拉图。

【案例分析】

挑战权威，是一种敢于说出真相的态度，是一种敢于提出质疑的勇气，是一种坚持真理的精神。创新就是要挑战权威，突破固有思维的约束。当然，创新也不意味着要随意质疑古人的智慧，反驳古人的哲理，因为所有的创新都是在别人的基础上进行的。

3．经验型思维枷锁

经验是在社会实践当中产生的，当经验上升到理论后，便形成固定的思维。经验虽有借鉴意义，但具有很大的狭隘性，它会束缚人的思维广度。而创新思维要求青年学生必须拓展思路，天马行空，束缚越少越好。

4．书本型思维枷锁

书本中的知识是一种系统化、理论化的知识，是千百年来人类经验和智慧的结晶，它能带给我们众多的便利，但如果我们一味地死读书，也不会有事半功倍效果。青年学生不应该成为书本的奴隶，而应该活学活用，掌握知识，懂得理论联系实际，做到读书不为书所累。

5. 自我贬低型思维枷锁

有的人做事没有信心，总认为“我不行，我做不到”，从来不敢去尝试一下。只有打破这种思维枷锁，树立起信心，青年学生才会发现自己的潜力。

对于青年学生来说，思维的枷锁就像一座监狱，只有将陈旧观念丢弃，勇于冲破藩篱，才能走进创新的世界。

典型案例：大象为何挣不脱小木桩

一头大象能轻松地把一棵大树连根拔起，可是拴住大象只需一个小小的木桩，这是为什么呢？

那是因为大象在小的时候就被人拴在木桩上，那时的小象无论如何都挣脱不了绳索的约束，经历了反抗和挣扎后，它就放弃抵抗了。当小象长成强壮的大象的时候，它也不再费力去挣脱约束它的那根绳索，所以一个小小的木桩就能拴住一头强壮的大象。

从大象角度考虑，这是一件悲哀的事，因为大象囿于以往的经验而不再挣扎。然而事物是发展变化的，小象长大后，力量当然与往昔不可同日而语，摆脱束缚轻而易举。可见，经验未必永远都是正确的。

【案例分析】

现实中无数人和大象一样身处困境，他们同样曾经被束缚、被约束，并且被告知“你永远也不可能摆脱束缚”，所以他们无数次地在困难面前退缩。这些人也有自己的梦想，但是他们的“失败烙印”终究会把他们拉回到自己的“木桩”上。其实，只要找到并摆脱束缚自己思维的枷锁，梦想将不再有边界。

2.2.2 突破思维枷锁的途径

思维定式就是思维枷锁的一种模式，一旦形成了就很难突破。对于创新而言，突破思维枷锁，从思维方法上寻求新的创意是非常有必要的。

1. 避免主观臆断

人们往往根据自己主观思维来判断新事物，而不是依据事实来做出判断。如在工作中常常根据道听途说，凭印象做出判断，这样就很容易形成对人或对事的思维定式或偏见，不利于形成客观判断。

2. 提高知识修养

在新事物出现时，我们不该先以自己的主观思维对其进行判断，而应根据自己的知识修养来确定。在通常情况下，知识修养越高，对事物的洞察力越强，出现判断错误的情况就越少。

我们要学会搜集与处理知识，灵活运用知识，形成独立思考和判断的能力，而不要人云亦云。

3. 强化创新意识

青年学生要强化自己的创新意识，敢于打破传统，挑战权威，敢走前人没有走过的路，敢开创前人没有开创的新事业。

4. 投身实践

“实践是检验真理的唯一标准”，所以学生应多参与社会实践和公司实习，亲身体验社会实践和职场文化以及人与人之间的交流。现代高校应针对青年学生创新思维的培养，多组织开展行之有效的社会实践活动，让广大学生在课堂学习之余，主动走进社会，进行实践劳动，体会学校和社会的差别，取长补短，提高自我。只有实践才能让青年学生的创新意识、创新能力得到真正的发展。

典型案例：华为公司的创新发展

1987 年，华为技术有限公司在深圳成立，主要销售通信网络基础设备和数据通信网络及无线终端产品，它把数字科技带入众多家庭、企事业单位和国家，并致力于构建万物互联的智能世界。目前华为约有 20 万员工，业务遍及 170 多个国家和地区，服务 30 多亿人口。

华为对外依靠客户与合作伙伴，坚持以客户为中心，通过创新的产品为客户创造价值；对内依靠努力奋斗的员工，以奋斗者为本，让有贡献者得到合理回报；并与供应商、合作伙伴、产业组织、开源社区、标准组织、大学、研究机构等构建共赢的生态圈，推动技术进步和产业发展。

2015 年，华为发布了全球首个基于 SDN 架构的敏捷物联解决方案，推出了全球首款 32 路 x86 开放架构小型机昆仑服务器。

2016 年，华为在超过 100 个国家累计部署 190 多张移动承载网络，并且华为已在全球获得了 170 多个云化商用合同；联合 500 多家合作伙伴为全球 130 多个国家和地区的客户提供云计算解决方案，共部署了超过 200 万台虚拟机和 420 个云数据中心。

2017 年，开启物联网黄金时代，在云计算、大数据、企业园区、数据中心、物联网等领域，不断强化产品与解决方案创新，并推动其在智慧城市、平安城市以及金融、能源、交通、制造等行业得到广泛应用。2017 年底，华为云已上线 14 大类 99 个云服务，以及制造、医疗、电商、车联网、SAP、HPC、IoT 等 50 多个解决方案。

2018 年，华为手机（含荣耀）全球发货量突破 2 亿台，发布新一代人工智能手机芯片——麒麟 980。

2019 年，华为帮助全球 35 家已商用 5G 的运营商打造 5G 精品网，华为的 5G 手机市场份额全球第一，还推出了基于鲲鹏 920 芯片的 TaiShan 系列服务器产品和云服务。

2020 年，华为云技术合作伙伴及计算领域合作 ISV 的数量超过了 3 500 家，华为云合作伙伴云市场上架应用以及计算领域合作伙伴获华为认证解决方案的数量超过 5 000 个，云与计算全球生态创新中心达到 37 个。

如今，数字化和碳中和，是当今世界的两大重要课题，对于 ICT 的未来影响深远。全球数字经济高速发展，2021 年，面向未来的可持续发展，华为进一步在研究与创新领域加大投资，努力探索科学技术的无尽前沿，识别产业需求并攻克世界级的难题，以愿景和假设为牵引，与全球学术界开放合作，持续探索新理论、新架构、新技术，支撑产业长期可持续发展。

【案例分析】

创新能使企业永葆生机和活力。华为公司就是这样，它一直走在创新的前沿，在产品设计、客户价值体验及盈利模式等方面打破常规，积极创新，赋予了产品新的外观形象、使用功能，给予了客户全新的价值体验，深刻地改变了人们的生活方式，并获得了巨大的成功。

（资料参考：https://www.huawei.com/cn/corporate-information/research-development）

探索活动：如何用 5 美元赚到 500 美元

活动目的

认识到思维定式是束缚创新思维的枷锁；挖掘学生创新思维潜能。

资料背景

斯坦福大学有一个叫斯坦福科技创业计划的项目。蒂娜 · 齐莉格是其中的明星导师，她的想法总是与众不同。一次，她把自己的学生分成 14 个小组，并给每个小组一个信封。当学生打开信封的时候，发现每个信封里面都有 5 美元，这就是他们的种子基金。蒂娜要求每个小组在 2 小时之内，用 5 美元尽可能地赚更多钱。并要求学生在周日晚上将成果整理成文字报告发给自己，然后还要求学生于周一早上上课时用 3 分钟时间在全班同学面前分享自己的成果，他们有 4 天的时间去思考如何完成任务。

常规的做法是用 5 美元去买器材，再找个钟点工帮助别人洗车或者买个花什么的。听上去这些点子确实还不错，挣点小钱还是可以的，但是这样做是不可能拿到第一名的。其中有三个小组打破了常规，他们赚到了更多的钱，其中有的小组在规定的 2 小时之内竟然赚到 600 美元，他们是如何做到的呢？

方法一：一个小组经过一天的考察，发现大学门口有商机，周六晚上某家热门的餐馆门前总是排长队。这个小组向餐馆提前预订了座位，然后再将每个座位以最高 20 美元的价格出售给那些不愿排队的顾客。他们还观察到一个有趣的现象：女学生比男学生更容易卖掉座位。也许是女性有亲和力的缘故吧。于是他们调整了方案，男生负责联系餐馆预订座位，女生负责去找顾客卖掉座位的使用权。

方法二：一个小组在学生会门口摆个小地摊，为经过这里的同学免费测量自行车车胎压力，如果压力不足，他们可以给车胎充气，但需要一美元的费用。这个方法看似很简单，但相当可行。虽然同学们可以在家里或者在修车点免费给自行车充气，但是他们更愿意在摊点充气，而且对这种充气服务都感到很满意。一个小时后，小组改变了经营方式，他们开始免费给车胎充气，但在充气之后会向同学们请求捐助，钱数随意。许多同学都愿意捐款，结果这个小组得到几百美元的资金。看来优化方案后，使得收入得到了大幅上涨。

方法三：一个小组认为他们手头最宝贵的资源既不是 5 美元种子基金，也不是 2 小时的赚钱时间，而是导师让他们在课堂上展示成果的 3 分钟时间。这里是世界名校斯坦福大学，在这里举行 3 分钟的招聘信息会，是许多公司梦寐以求的事，于是这个小组把他们 3 分钟的展示时间卖给了一家公司，还为这家公司做了免费的宣传，结果他们赚了 650 美元。

活动内容

（1）结合案例，谈谈你对创新思维的理解。

（2）若你拥有 5 美元的创业基金，你如何用它来赚到尽可能多的钱？请大家仿照斯坦福大学的 5 美元创业计划，开启自己的探索活动之旅。

活动检测

活动结束后，教师可评选出表现最优秀的小组。点子越有创意，赚的钱越多，得分越高。

能力训练：突破思维定式训练

1. 一只青蛙在 1 m 深的井底每天爬上 30 cm，退 20 cm，请问多少天能到达井口。

2. 有位老汉用 2 m 长的绳子把牛鼻子牢牢拴住，把饲料放在 3 m 以外的地方就走开了。可是当他回来的时候发现，牛已经把饲料全吃光了，请问这是怎么回事？

3. 王先生到 8 楼去办事，从大厅走到 4 楼用了 48 s，再从 4 楼走到 8 楼需要多长时间？

4. 由两个阿拉伯数字 1 组成的最大数是多少？ 3 个 1 呢？ 4 个 1 呢？

5. 一盘红豆和一盘黑豆混在一起炒，炒完之后倒在两个盘子里，豆子自然分成两部分，一盘红豆，一盘黑豆。这是为什么？

6. 对于上述问题，你的答案正确吗？是什么因素束缚了你的思维？

2.3 创新技法

创新问题

我们常常感叹自己被习惯性思维约束，不能提出有创意的想法。其实，创新也讲究一定的规律和技巧，通过练习可以培养出来。本节将讲述产生创新创意的 5 个技法。在学习之前，请同学们思考以下问题：

（1）常用的创新创意技法有哪些？

（2）我们在生活中经常使用哪种创新创意技法？

2.3.1 头脑风暴法

头脑风暴法（brain storming）也叫智力激励法，是指在会议讨论、座谈中，打破常规，积极思考，畅所欲言地表达自己的观点和看法。头脑风暴法主要有如下内容。

1. 头脑风暴法的操作程序

准备阶段：

（1）主持人应事先明确会议和座谈的主题，并提前告知与会者，使与会者有所准备。

（2）确定小组人数，一般为 10 ～ 15 人，与会者最好来自不同的专业。

（3）确定会议时间，一般为 20 ～ 40 min。

（4）准备好纸、笔等记录工具。

（5）布置场所。

头脑风暴阶段：

（1）主持人简明扼要地介绍将要讨论的问题。

（2）与会人员畅所欲言。

（3）记录人员记录与会者的发言。

评价阶段：

（1）将所有发言进行整理和筛选。

（2）通过讨论、对比，择优选出较好的方案。

2. 头脑风暴法成功的关键

头脑风暴法成功的关键是自由的探讨方式，即参与者能随意发表各自的意见，不受约束地进行交流。

畅所欲言：所有参与者都能放开思想，大胆想象，然后不受任何约束地发表自己的观点和看法。

延迟评判：对参与者的言论是否正确先不加以评论，先听取建议和想法，会议结束或者座谈结束后再进行评价。

多鼓励：自由地思考，不受约束地表达，难免会产生错误的想法，但要尽量鼓励参与者，以免影响自由畅想，破坏会场气氛。

追求数量：会议和座谈的目的是获得尽可能多的新设想，追求数量是第一要务。因此要让参与者多发言，各抒己见，不要考虑发言的质量。

典型案例：无人机修剪行道树

在我国的许多城市里，经常能看到这样的场景：路边的绿化带中，许多园林工人或站在升降机上，或爬到梯子上、高高的大树上，用电锯对行道树进行修剪。这种作业方式不但影响交通，还会带来各种安全隐患。为了解决这个问题，城市园林部门决定召开一次全体会议。主持会议的领导简单讲了会议的主要目的：怎样高效、安全地修剪行道树？并请大家尽量表达自己的意见和观点，提出自己的建议。建议若被采纳，则有一定的奖励。

会议的原则是畅所欲言，看法、建议不分对错，鼓励大家都发言，求量不求质等。

会议中，大家都各抒己见，发言列举自己的方法和观点，其中有常规的方法，也有异想天开的想法。有人想到制造大剪刀机器来剪树枝；有人想到在吊车上端安装电锯机；有人想到用无人机加载电锯机；还有人想到用激光发射机，等等。

会议不到一个小时就结束了，会后园林部门组织专家组对会上提出的建议进行了评估和研究：采用无人机修剪树枝的方法可以尝试一下；激光发射机的方法也很有远见，但目前研发成本太高。最后，大家一致认为利用无人机加载电锯来修剪树枝的方法值得尝试。

经过研发、试验、改进，利用无人机加载电锯来修剪树枝的方法得到了应用，一举解决了困扰园林部门多年的修剪树枝的问题。

【案例分析】

本案例就是利用头脑风暴式的会议，解决了关键性的问题。

2.3.2 奥斯本检核表法

奥斯本检核表法是指针对某种特定要求制定检核表，多用于新产品的研发。所谓检核表，是指根据相关资料找到所有问题，将之列成表格来一一讨论，以挖掘解决问题的设想，进而找到解决问题的新方法、新思路。

奥斯本检核表法可归纳为 9 组问题：能否他用、能否借用、能否扩大、能否缩小、能否改变、能否代用、能否调整、能否颠倒、能否组合。其核心是改进（表 2-2）。

表 2–2　奥斯本检核表

序号	检核类别	检核内容
1	能否他用	有无其他用途？稍加改变后是不是有新的用途？
2	能否借用	有没有相似的对象？能不能引入新原理、新思路？
3	能否扩大	能不能增加部件？能不能增加使用功能？
4	能否缩小	减小了会如何？是不是能接受？
5	能否改变	能不能改变？改变后有什么影响？
6	能否代用	能不能找到代替材料、元件、方法？结果会怎样？
7	能否调整	能不能换位？怎么调换？
8	能否颠倒	能不能颠倒，如正负颠倒、黑白颠倒？
9	能否组合	能否组合？可进行哪种组合？

根据创新对象，明确问题、分析问题、讨论问题、筛选问题、解决问题，最后实现创新目的。

1. 能否他用

比如一件衣服、一条命令语言等，除了正常地使用和运行，在其他环境和场合中，它还有哪些不同用途？思考这个问题时，要充分发挥想象力，积极扩展思维。就像啤酒本是饮品，能用它来洗头吗？用它来浇花又如何？

2. 能否借用

有没有相似的对象可以拿来借用？有人使用无人机进行侦察和传递信息，另一些人则利用无人机来对农作物进行农药喷洒，不但节省了人力和物力，还使得人身安全得到保证。日常生活中这样的例子还有很多，都能体现出创新思维。

3. 能否扩大

现有的东西能不能扩大使用范围？能不能增加东西？比如扩大口罩的生产车间，更能满足人们的需求。

4. 能否缩小

减少比例、缩小规模等在日常生产生活中比较常见，比如压缩饼干，那么一小块却十分耐饿；袖珍摄像机携带方便等。

5. 能否改变

现有的东西能否做些改变？比如今天外出时换件颜色靓丽的衣服，可以使人精神爽快，心情愉悦。

6. 能否代用

想象的领域没有边际，手机能代替相机、银行、遥控器，还能代替手电筒等。

7. 能否调整

换个想法试试看，以前公交车的发动机在车头，现在公交车发动机在车尾处；以前的铁路枕木是木头的，现在的铁路枕木是混凝土的。

8. 能否颠倒

现有的事物倒过来会怎样？上下、左右、前后位置对调会怎样？

9. 能否组合

不同的事物组合在一起就叫联合物。比如联合收割机可以一边收割小麦，一边给小麦脱粒。

表 2-3 是奥斯本检核表法在智能手机创新中的运用。

表 2–3　智能手机的创新思路

序号	检核类别	引出发明
1	能否他用	其他用途：遥控器、照明灯
2	能否借用	增加功能：体温计，血压计
3	能否扩大	扩大电池容电量
4	能否缩小	降低成本和费用
5	能否改变	改变形状
6	能否代用	代替门钥匙
7	能否调整	改用太阳能电池
8	能否颠倒	边用边充电
9	能否组合	组合成打印机

2.3.3 “5W2H”分析法

“5W2H”分析法又叫七问分析法，是用 5 个以 W 开头的英语单词和 2 个以 H 开头的英语单词进行提问，继而分析和解决问题的方法。这 7 个问题如下：

（1）WHAT——是什么？目的是什么？做什么工作？

（2）WHY——为什么？为什么要这么做？理由何在？原因是什么？为什么会造成这样的结果？

（3）WHO——谁？由谁来承担？谁来完成？谁负责？

（4）WHEN——何时？什么时间完成？什么时机最适宜？

（5）WHERE——何处？在哪里做？从哪里入手？

（6）HOW——怎么做？如何提高效率？如何实施？方法怎样？

（7）HOW MUCH——多少？做到什么程度？数量如何？质量水平如何？等等。

典型案例：高铁站的小卖部

某城市高铁站候车室二楼设有小卖部，候车室里每天人来人往，可奇怪的是，小卖部自开张之日起便一直门庭冷落。小卖部经理用“5W2H”法进行了问题筛查，最后发现问题出在 Who（谁）、Where（地点）及 When（时间）三方面：

第一，Who（谁），谁是顾客？高铁站小卖部在开设时便确定目标顾客是旅客，但是小卖部的商品都是日常用品，旅客来时在外面都已经购买了。

第二，Where（地点），小卖部所在位置不是旅客们的必经之路，而且这里距离开水室很远，旅客都不愿意在这里停留。

第三，When（时间），何时购物？旅客只有在一楼办完行李托运等相关手续后才有时间和精力去小卖部，若时间紧张的话，旅客就不会去光临小卖部了。

后来，小卖部经理与高铁站协商，调整了旅客行走路线，从而保证了充足的客源，小卖部生意日益红火起来。

【案例分析】

用“5W2H”分析法进行分析即可得出结论。小卖部门庭冷落原因有三：一是小卖部的商品都是日用品，无法留住目标旅客；二是小卖部的位置比较偏僻，没有人流量；三是去小卖部要花费较多时间。

2.3.4　组合创造法

组合创造法也叫理想组合法，就是将多种产品通过建立某种关系组合在一起形成组合优势的方法。它包括以下几种类型：

1. 主体附加法

主体附加法就是在某种产品上附加一种新的成分，使主体产品的功能或性能略有拓宽，能使消费者在购买主体产品的同时获得锦上添花式的附加利益。例如，可更换衣服的玩具娃娃、智能手表（图 2-1）、智能奶瓶（图 2-2）、智能手机等。

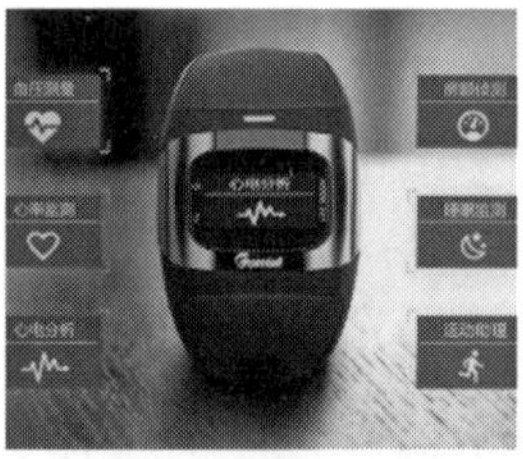

图2-1　智能手表

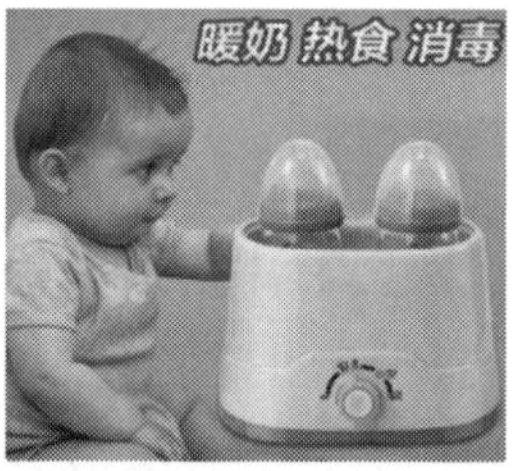

图2-2　智能奶瓶

2. 同类组合法

同类组合法是指将两个或两个以上相同或相近的物品组装在一起，形成一个新事物的方法。例如，多功能铅笔盒（图 2-3）、亲子电动童车（图 2-4）等。

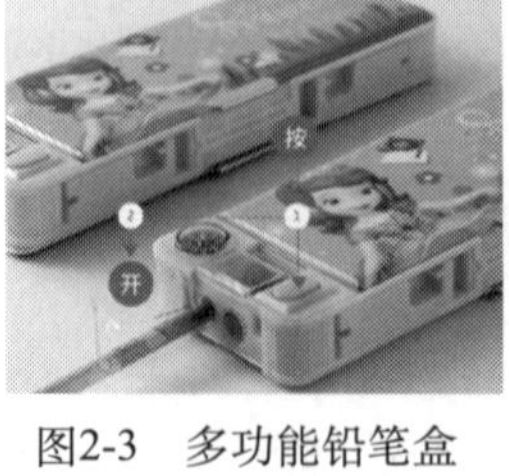

图2-3　多功能铅笔盒

图2-4　亲子电动童车

3. 异类组合法

异类组合法是指对来自不同领域的两种或两种以上不同类事物进行叠合的方法。在异类组合中，被组合的因子来自不同的方面，各因子彼此间一般没有明显的主次之分，在功能方面可相互切换使用，例如 CT 扫描仪。

典型案例：一组组合而成的实物

看看下列这些组合实例：

（1）牙膏＋中药——药物牙膏

（2）电话＋电视机——可视电话

（3）毛毯＋电阻丝——电热毯

（4）台秤＋电子计算机——电子秤

（5）飞机＋飞机库＋军舰——航空母舰

（6）收音机＋盒式录音机＋激光唱片——组合音响

（7）洗衣机＋脱水机＋烘干机——全自动洗脱烘一体洗衣机

（8）自行车＋电机＋蓄电池——电动自行车

（9）照相机＋电子调焦调光机——傻瓜照相机

【案例分析】

在日常生活中，有许多由不同事物组合而成的新事物，这些新事物的出现充分反映了组合创造法的创新性。

2.3.5 分析列举法

分析列举法是通过分析，尽可能全面地罗列出某一事物的所有相关内容，然后针对这些内容提出改进方案的一种创新技法。此方法要求在罗列内容时，尽可能做到全面无遗，这样有助于形成多种构思方案。分析列举法具体包括特性列举法、缺点列举法、希望点列举法和成对列举法。

1. 特性列举法

运用该技法首先要把研究对象的主要特性逐一列出进行详细分析，然后探讨能否进行改革或创新。特性列举法在运用中要求对创新对象的全部特性进行列举，以便更详尽地发现问题所在。其步骤如下：

(1) 将分析对象的特性尽可能详细地列出，对象要具体、明确。

(2) 尽量尝试对上述各项目可替代的属性进行置换，以产生新的设想和方案。

(3) 提出新的方案并进行讨论评价，努力按照实际需要进行改进。

2. 缺点列举法

缺点列举法也是常用的一项创新技法，是抓住事物的缺点进行分析，以确定改进或改善的对策和方法，进而对事物进行改进和改善的创新技法。

缺点列举法的具体步骤如下：

(1) 大量收集事物的缺点，再进行调查与调研。

（2）归纳总结缺点类型，并进行分类。

（3）针对缺点提出新的整改方案。

3. 希望点列举法

希望点列举法是指针对问题不断提出愿望，再根据愿望提出解决办法的一种创新技法。比如，人们想象嫦娥奔月的场景从而发明了人造卫星；人们不想做饭，就有了外卖；想在雨天运动，就有了室内体育馆等。

4. 成对列举法

将两个事物结合起来，成对列举、分析它们的特点和区别，从中寻找对事物新设想的一种创新方法。比如，在家具设计当中，要尽量满足人们各项需求。

探索活动：营销创新探索活动

活动目的

通过活动，使学生掌握创新技法的运用。

活动内容

以小组为单位，要求每个小组从自身熟悉或感兴趣的行业里选择一个产品，为该产品设计广告词，该广告词要展示以下几点：

（1）广告词体现出产品的功能或特点。

（2）广告词要满足消费者的某种需求。

（3）广告词能激发消费者的购买欲。

每个小组公布广告词后，其他小组负责评判该广告词，并指出广告词存在的问题，评判标准见表 2-4（获得 60 分即算合格）。

表 2–4　评价表

评判标准	满分	实际得分	备注
广告词有创意	20 分		
广告词体现出产品功能或特点	20 分		
广告词满足了消费者的某种需求	20 分		
广告词激发了消费者的购买欲	20 分		
其他方面	20 分		
总分	100 分		

活动讨论

（1）为了卖出该产品，小组采用了哪些创新技法？关于产品（服务）的目标人群、价值标准是怎样设想的？

（2）为了成功推销该产品，营销方案进行了何种创新？

能力训练

1. 头脑风暴法练习

针对“如何改善城市交通拥堵状况”和“如何改变城市空气污染”这两个社会问题，运用头脑风暴法激发学生思考。

（1）教师将学生分组，每 3 ～ 5 人一组，每组选出一个小组记录员。

（2）教师提出问题并留给学生 5 分钟左右的时间思考，让学生在放松的状态下思考、准备。

（3）每小组成员畅所欲言，然后各组派代表汇报结果。

（4）在规定时间内，提出设想最多的小组获胜。

2. 奥斯本检核表法练习

利用奥斯本检核表法，构思出智能手环的创新思路，填入表 2-5 中。

表 2–5 智能手环的创新思路

序号	检核类别	引出发明
1	能否他用	
2	能否借用	
3	能否扩大	
4	能否缩小	
5	能否改变	
6	能否代用	
7	能否调整	
8	能否颠倒	
9	能否组合	

3.“5W2H”分析法练习

请同学们用“5W2H”分析法对“选购手机品牌”进行分析，提出选购的合理化建议。

4. 组合创造法练习

（1）组合游戏题

下列不同领域的事物可组合成哪些有意义、有价值的东西？

卧室	自动化
床	运送装置
睡觉的地方	移动
窗帘	加热器
位于浴室附近	不同颜色
让人有安全感	自动门锁

（2）动态组合思考题

现在有一个高 15 cm 的玻璃杯、一张 A4 纸和一个乒乓球。在不能动手拿玻璃杯和乒乓球的情况下，该如何通过动态组合的办法把放在玻璃杯里的乒乓球取出来？

5. 分析列举法练习

现在有一把旧长柄弯把雨伞，请你根据缺点列举法原理，提出雨伞的改进方案（至少 4 种）。老旧雨伞的缺点如下：

（1）太长，不便于携带。

（2）把手太大，在拥挤的地方会钩住别人的口袋。

（3）撑开和收拢不方便。

（4）伞尖容易伤人。

（5）雨伞较重，长时间打伞会导致手臂酸疼。

（6）伞面遮挡视线，容易发生事故。

（7）伞面淋湿后，不易放置。

（8）抗风能力差，刮大风时伞面会向上开口成喇叭形。

（9）骑自行车时打伞容易出事故。

拓展延伸

1. 在前面的学习中，我们进行了创业探索，这些探索能否启发你的创业想法？以小组为单位选择一个创业项目，然后进行创业实践，具体操作如下：

（1）运用创新思维和创新技法完善创业方案（包括：创业项目、目标客户、经营特色、营销方案、创业团队构成及分工等）。

（2）分组，每 4 ～ 6 人为一组，然后按照方案进行创业实践。

（3）进行实践总结与汇报。汇报内容包括创办过程、经营绩效、实践心得及体会。

2. 请大家结合自身特点说说自己最喜欢用的是哪种创新技法，理由是什么。

本章总结

本章主要讲述了以下几个方面的内容：

❑ 创新思维的六种方式，即逆向思维、发散思维、集中思维、联想思维、逻辑思维和灵感思维。

❑ 束缚创新思维的五种思维枷锁：从众型思维枷锁、权威型思维枷锁、经验型思维枷锁、书本型思维枷锁和自我贬低型思维枷锁，并讲述了突破思维枷锁的途径。

❑ 五种创新技法，即头脑风暴法、奥斯本检核表法、“5W2H”分析法、组合创造法和分析列举法，以及如何运用这五种技法解决实际问题。

第3章

打造创业根基

本章目标

- ❑ 了解创业者应具备的创业素质和能力
- ❑ 掌握提升心理素质、道德素质以及创业能力的方法
- ❑ 有意识地培养和提高自己的创业素质

自我思考

对创业起着举足轻重作用的因素是什么呢？是创业动机和创业素质。创业动机是创业的启动器，创业素质是决定创业成败的关键。如果没有创业动机，创业就是无稽之谈；不具备创业素质，就难以取得成功。

请同学们观察一下身边的创业者，想一想，他们的创业动机是什么？他们具备哪些创业素质？你觉得自己适合创业吗？你具有哪些创业素质？在生活中，你是否会有意识地提升自身的创业素质？

开篇故事：年轻人开店

一个年轻人想做生意，于是问他的父亲说："我想在咱们这条街上开店赚钱，得先做哪些准备呢？"他的父亲想了想说："这条街上门面房有的是，你现在就可租两间门面，摆上货柜，进些货物开张营业。但是咱们这条街商店已经不算少了，如果你想多赚钱的话，就先得准备为这条街上的街坊邻居们做些什么。"年轻人问："我先做些什么呢？"他的父亲想了想说："要做的事很多，比如街上的落叶很少有人打扫，你每天清晨可以将街上的落叶扫一扫；还有邮差每天送信，有许多信件很难找到收信人，你也可以帮忙找一找。另外，还有一些家庭遇到困难，需要一些帮助，你可以帮帮他们。"年轻人不解地问："可这些跟我开商店有什么关系呢？"他的父亲笑笑说："如果你想把自己的生意做好，这一切都会对你有所帮助。"年轻人虽然半信半疑，但他还是像他父亲说的那样去做了。

半年后，年轻人的商店挂牌营业了。让他惊奇的是来他店里买东西的顾客非常多，远的近的，差不多一条街上的街坊邻居全都成了他的客户，甚至街那边的一些老人舍近求远，拄着拐杖来到他的商店买东西。他很惊讶地问他们说："你家的门口就有商店，怎么要舍近求远呢？"他们笑笑说："我们都知道你是个好人，来你的店里买东西，我们特别放心。"

后来他送货上门，遇到一些暂时困难的人家，他总是让他们先取用需要的货物，等什么时候有钱了再来给他还上。知道有人遭遇了不幸，他会主动登门，慷慨相助。

几个月后，邻街上的许多人也纷纷来到他的店里买东西。又过了一年多，全城人都知道了他和他的小店，人们都一起涌来了，于是他的生意如滚雪球般越做越大，钱当然也越赚越多。仅仅几年的时间，他就从一个不名一文的年轻人，摇身变成了一个拥有资产千万的企业家。

有一天，记者采访他，问他为什么短短几年间就获得如此大的成就时，他想了想说："因为在学会收获前我先学会了付出。"

可以看出，这个年轻人创业能获得成功，与他有强烈的创业动机不无关系，有了动机，才会愿意冒各种风险、吃各种苦，去努力，去奋斗。

3.1 创业动机的培养

创业问题

"大众创业，万众创新"，国家鼓励年轻人创业，因此，创业在青年学生中已不是一个陌生的话题。很多青年学生已投身于创业事业，并取得了一定的成就。然而还有一些人喜欢稳定的工作，不愿意承担创业带来的风险，因而会选择就业而非创业。在进行下面的学习之前，请同学们思考以下问题：

（1）一个人为什么要去创业呢？他的动力来自哪里？

（2）你会选择创业，还是选择就业，为什么？你的创业动机是什么？

3.1.1 创业动机的概念

创业动机是指创业者由于个体内在或外在的需要，而在创业时所表现出来的目标或愿景。需求层次理论和成就动机理论均对创业动机进行了深入分析。

1. 需求层次理论

根据需求层次理论，创业动机可分为以下五类：

生存需要：生存是人类的第一需要。人们在失去就业机会的情况下，为了谋生会选择自己创业。下岗工人、失去土地或因种种原因不愿在家务农的农民、刚刚毕业找不到合适工作的青年学生，他们的创业动机都属此类。在我国，这类创业者占比最大。

谋求发展的需要：在生活有了基本保障之后，人们就会谋求进一步的发展，一些人为此走上了创业之路。

获得独立的需要：独立自由是每个人的追求，许多人不甘心一直在别人手下打工，便想着自我创业，自己当老板。

赢得尊严的需要：有的人放弃高薪工作而去创业，是为了过一种更受人尊重的生活，即依靠自己的能力去打拼，创建属于自己的“王国”。

实现个人价值的需要：“穷则独善其身，达则兼济天下。”这是实现自我价值的体现，也是一些人心中所想。这些人有着比较高的思想觉悟和行为准则，以造福于民为做人宗旨，坚持走创业大道。

2. 成就动机理论

成就动机是人们期望成功的一种想法或信念，它能够直接影响人的行为活动。许多典型案例已经证明，如果创业的愿望和倾向比较强烈，那么创业就更容易取得成功。

创业是一项具有创新性和风险性的活动，同时也是一项自我挑战和自我超越的活动。缺少成就动机，缺少对成功的渴望和追求，会影响创业的积极性。因此，有创业想法的人，应该多参加成功学子交流会、成功人士的经验分享会等，这样可以帮助自己树立创业的信心和决心。当然，创业不是盲目之举，因为创业行为本身有一定的风险性，需谨慎对待。

3.1.2 激发和培养创业动机

激发和培养创业动机，可以从以下几个方面入手。

1. 培养创业意识

学生若有创业的想法，在校期间就应该有意识地做一些创业准备。第一步就是要培养自己的创业意识，比如大多数学生可能认为创业离自己很遥远，更没想过自己当老板，其实创业没有那么遥不可及，自己当老板也不是不可能的，你首先得有“我可以”的意识，有了这个意识，创业才有了可能。

2. 激发创业愿望

想要激发和培养自己的创业动机，只有创业意识是远远不够的，还得有强烈的创业愿望。

具体来说，学生可以通过以下途径激发自己的创业活动和愿望：

（1）积极参加各种与创业有关的实践活动，在活动中细心观察，收集有用的信息，然后及时总结在这些活动中获得的成功或失败的经验，从而获得创业的信心，激发自己的创业愿望。

（2）多参加成功学子座谈会、企业大咖讲座，经常参观大企业、大公司，多向企业家及成功的创业者求教等，这样做也有利于激发自己的创业愿望。

3. 了解创业信息

学生应多参加学校开设的创业指导课，加强自我的创业教育。积极了解各种创业信息，多与学校创业指导中心部门沟通和交流。此外，学生可以多了解各级政府提供支持创业的政策，比如三年免税收、为学生创业提供场地等。对与创业有关的各项信息了解得越多，对树立创业信心的帮助就越大，如此一来，创业动机的形成就顺理成章了。

4. 找到创业兴趣

现实中有许多创业者，他们能够将自己的兴趣爱好和创业联系在一起，因此创业时，更有动力和乐趣。比如民营企业家李先生喜欢钻研农机，于是以此为事业，取得了不小的成绩。

许多人创业失败，不是因为他们不聪明或不努力，而是因为从一开始，他们就不热爱自己的事业，只是把它单纯地当成了赚钱的工具。

一个人如果能找到自己的兴趣爱好，以兴趣为创业的基础，发挥才智，挥洒创造力，成功创业才有希望。

当然，创业是有风险的，光靠兴趣和梦想是不够的，兴趣和真正的创业是两码事，不能混为一谈。

总的来说，学生应努力培养创业意识和激发自己的创业愿望，积极了解各种创业信息，找到自己的创业兴趣，这些都是激发和培养自己创业动机的必要步骤。

典型案例：成就自己的创业梦想

小丁是一名职高毕业生，她也曾做过忙忙碌碌的上班族，可为了梦想，她走上了创业的道路。如今，她将自己的跆拳道馆经营得红红火火，成为许多跆拳道爱好者学习和切磋技艺的好去处。

小丁上学时就酷爱跆拳道，毕业后留在银川一家跆拳道馆担任教练。2010 年 6 月，小丁参加中韩跆拳道邀请赛，取得女子 58 公斤级第一名和成人组品势第一名，成为宁夏跆拳道界第一个拥有“双冠王”头衔的人。2011 年，她离开银川回到吴忠工作。小丁在吴忠的第一个工作单位是某公路管理局。她每月拿着固定的工资，日子过得舒服安稳，按理说，她该知足了，可那里并不是她想待的地方，所以她辞职了。辞职后，小丁又来到吴忠某建筑公司项目部担任资料员。但是，这种波澜不惊的生活依然不是她想要的，她再三问自己到底想要什么。在上职高时，她就想开一家跆拳道馆，也恰恰是由于这个想法，她毕业后担任了几年的跆拳道教练，还获得了许多荣誉。经过深思熟虑，她决定辞职开一家跆拳道馆。

小丁说："刚开始创业时，爸爸妈妈并不同意。他们期望自己的女儿有份安稳的工作，不用每天风风雨雨在外奔走。但是不管怎样，我算是挺过来了，如今爸爸妈妈也理解我了。"

谈起创业前期的艰难，小丁皱了一下眉头说："刚开始我想找一个比较大的场所，谁知道房租都谈好了，人家又反悔了。之后看上的场所租金又高得离谱。我不想依靠爸爸妈妈，仅靠自个儿那点积蓄和不多的借款要做许多的工作，既要装饰场所，又要置办设备，还要做宣传等，真是捉襟见肘。那时觉得创业真的好难。"在创业前期的摸爬滚打中，小丁最大的收获就是明白了只要坚持，什么困难都可以克服的道理，这为她后来的成功奠定了基础。

如今，小丁的跆拳道馆已经招收了 30 多名学员，而这仅仅是她创业的第一步。小丁送给想要创业的青年学生们一句话：不要去想创业有多难，选准方向、坚定信心，多听、多看、多想、多学，成功就在不远处等着你！

【案例分析】

有人创业是为了生存，有人创业是为了谋求发展，而有人创业则是为了成就事业。案例中的小丁就是为成就事业而创业，她为了梦想放弃了稳定的工作，并能坚持不懈，克服各种困难，最终取得了成功。

探索活动：创业人物访谈

活动目的

通过创业访谈，使学生了解不同创业人物的创业动机，感受创业动机在创业过程中的重要作用。

活动内容

以小组为单位进行创业人物生涯访谈。具体操作步骤如下：

（1）3 ～ 5 人为一组，每组选出一个负责人。

（2）确定访谈对象 2 ～ 3 人。

（3）拟定访谈提纲，内容包括创业者的教育背景、成长环境、创业动机、创业历程、创业心得等。

（4）访谈结束后，分组撰写访谈报告，分析访谈对象的创业动机、创业成功的因素及从他们身上获得的启发。然后将报告内容制作成 PPT，在课堂上以小组为单位进行交流汇报，每组汇报时间为 10 分钟。

活动检测

活动结束后，教师可根据表 3-1 进行评分。

表 3–1　活动评价表

评分标准	分值	实际得分	备注
能够积极参与活动	20 分		
能够按要求实施访谈	20 分		
访谈报告内容详细	25 分		
访谈报告内容分析正确	25 分		
PPT 制作精美	10 分		
总分	100 分		

能力训练

开展辩论会。

辩题：青年学生毕业后是先就业，还是先创业？

正方观点：青年学生毕业后应先就业，积累创业经验。

反方观点：青年学生毕业后应直接创业。

选 8 个同学，每 4 人一组，分别代表正方和反方，对上述命题展开辩论，各方根据自己的理解来表达观点和看法。

辩论结束后，教师应根据下列各要点对辩论小组进行打分：

（1）积极参与辩论（20 分）。

（2）能够提出鲜明的观点（20 分）。

（3）提出的观点具有合理性（20 分）。

（4）能够大胆表达自己的想法（20 分）。

（5）语言表达流畅（20 分）。

3.2 创业者应具备的素质和能力

创业问题

创业者是创业的核心，是创业成功的关键因素。美国的钢铁大王卡耐基曾说过：“如今即使拿走我的全部资产，但只要把这 50 多个有素质、有能力的事业伙伴给我留下，三年之后，我还会成为亿万富翁。”创业需要具备创业素质的优秀人才，这样才能够给企业带来向心力和凝聚力，才能使企业突破困局，走向成功。在进行下面的学习之前，请同学们先思考以下问题：

（1）创业者应具备哪些素质和能力？

（2）你具备哪些创业素质和能力呢？

3.2.1 创业者应具备的心理素质

1. 独立自主

创业者要有自食其力、自力更生、自我发展的心理要求。在创业路上，只有拥有独到的见解和自主的行为主张，才能够创新发展，开拓进取。

2. 坚定信心

坚定信心是指创业者对自身所从事的活动或事业深信不疑。这是创业者获得创业成功的必备要素。创业过程中往往会遇到很多困难，如果创业者缺乏坚定的信心，遇到挫折就怀疑自己决策的正确性，那么，创业就无法顺利地进行下去。

3. 敢于冒险

在市场经济大潮中，机会与风险共存。只要从事创业活动，就必然有风险伴随。创业就意味着冒险，只有冒险才可能把握稍纵即逝的市场机遇。但是，冒险不意味着冒进。冒进是指不顾具体条件和实际情形而贸然行动。冒进就意味着失败，在创业中切忌贸然行动。

4. 顽强执着

创业者需要有百折不挠、坚持不懈的毅力和意志。无论是面对成功还是失败，都要做到坚持、不放弃。对于一个创业团队来说，顽强和执着精神就是团队获得成功的有力武器。

典型案例：爱闯祸的爱迪生

“呜——”汽笛一声长鸣，火车在铁轨上奔驰前进。“哔啷！”吸烟室里传来东西破碎的声音，紧接着一股烟火破门而出。火车仍在飞快奔驰，火借着风势越烧越猛。

“快救火呀！行李车厢起火啦！”

人们闻声赶到，奋力扑救，大火终于被扑灭。

火是扑灭了，损失不算太大，可是列车长胸中的怒火却再也压不住了，他恼怒地把吸烟室里剩下的瓶瓶罐罐以及其他一些东西全部丢到车窗外面。

这些东西属于一个名叫爱迪生的人，他在火车上当报童已经 4 年了，那年他 15 岁。

爱迪生从小热爱科学，可是因为家庭经济困难，他不得不当报童挣钱。在火车上，他想利用空余时间做实验，得到列车长允许后，他把一部分实验用品搬到了行李车厢后面的吸烟室，但由于火车的振动，一瓶黄磷掉了下来，引发了大火，从此，爱迪生就不能在火车上继续做实验了。

然而，祸不单行，没多长时间爱迪生又遇上了一次事故，耳朵受伤后变聋，但这些打击并没有使爱迪生灰心，他仍然执着地追求着理想。因为专心做实验，所以工作难免出差错，为此他不仅挨过打，而且多次被解雇。同时，由于实验条件太简陋，常出事故，一次烧毁了他的衣服，另一次差点把他的眼睛弄瞎。

22 岁那年，他发明了自动收报机，得到了一笔资金，这使他终于有了一个像样的实验室，并且可以辞去工作，专心致志地搞发明了。为了发明电灯，他查阅了无数图书资料，记了 4 万多页的笔记；为了寻找制作材料，他常常连续工作数 10 个小时，有一次竟然 5 个昼夜没有休息。在发明电池的过程中，他实验过几千种材料，做了 4 万多次实验，历时 1 460 天才最终取得成功。

爱迪生仅仅受过 3 个月的学校教育，但他凭着坚韧不拔的精神，克服种种困难，发明了几千种物品，成为人类科学发展史上当之无愧的“发明大王”。

【案例分析】

一个人要想获得创业成功，没有坚定的信心和顽强的意志品质是不行的，因为成功只属于那些渴望它并愿意为它流汗的人。

3.2.2 创业者应具备的道德素质

1. 诚信为本

诚信就是“诚实无欺，信守诺言，言行相符，表里如一”。诚信不仅是为人处世的基本准则，更是经商之魂。在创业经商过程中，诚信是第一品质，是创业者的“金质名片”，也是参与各种商业活动的最佳竞争利器。

2. 责任心强

责任心是指一个人具有的对自己、家庭、组织及社会等主动担负责任的意识，是创业成功的基础。一个人一旦有责任心，就会在日常生活中表现出成熟的举动和行为，如尊老爱幼、爱岗敬业、尽职尽责等。我们在开创事业的时候，需要对企业员工担负责任，也需要对社会担负责任。

3. 守法律己

守法律已是指创业者要严格依据法律法规创办和经营企业，不从事违法活动。要严于律己，做遵纪守法的创业者，这样，企业才能得到持久发展。

4. 勤劳节俭

“勤能补拙”“勤劳致富”“成由节俭败由奢”等名言，都是对创业者成功精髓的总结。很多创业成功的人都有勤劳节俭的品质，他们将其用于企业经营，并最终获得了事业的成功。青年学生要想创业成功，没有勤劳节俭的品质是不行的。从现在起，青年学生就应该培养自己勤劳节俭的良好品质。

3.2.3 创业者应具备的能力

1. 专业能力

创业者在工作中不需要做到无所不知、无所不能，但拥有熟练的专业知识、精湛的专业技能却是保证自己在业内游刃有余的必备条件，尤其对从零开始的创业者来说，这点更为重要。

2. 社交能力

创业者在从事创业活动的过程中，免不了参与各种社会交际活动，良好的社交能力对做好生产与经营工作、加强与各方面的沟通联系、扩大企业影响、减少负面效应、提高经济效益都有着不可估量的作用。作为创业者，在短的时间内就能够拉近和客户的关系，是非常必要的社交能力。

3. 管理能力

企业的成功离不开经营者有效的经营管理手段。在企业当中，经营者不仅应具有人员调动、团队建设、管理运营等进行组织协调的能力，还应具有对人员选择、资金统筹等进行管理的能力。

4. 创新能力

创新是一个企业生存和发展的原动力。在当今高速发展的互联网时代大潮中，创新能力的发展更能够体现创业活动的优越性，更是企业迅速崛起的制胜法宝。

而创新能力不仅包含学习能力、分析能力、判断能力、创造能力，还包括解决问题的能力、实践能力、组织协调能力。可以说，它是在各种实践活动中不断表现出来的一种综合能力。

典型案例：诚信是创业成功的“王牌”

一位企业家说过：“有时一件看似很吃亏的事，往往会变成非常有利的事。建立个人企业的良好信誉，这是资产负债表中见不到但却是价值无限的资产。”

当然，真正使这位企业家发家的，不是塑胶玩具，而是小小的塑料花。这位企业家就是依靠着塑料花单品红遍香港，家喻户晓的。从那以后，他就一直想把市场发展到欧美发达国家，因为在中国香港的市场容量毕竟有限。某一天，天上真的掉下个大“馅饼”，有位加拿大外商拿着一个大订单，经过几番周折后找到了这位企业家，在最终签约时，外籍商人提出了两个条件，一个是想找一个实力强大的公司做担保，另一个是想要实地考察一下他的工厂。这两个条件看起来是再普通不过的，但对于刚开始创业的这位企业家来说，则像两枚定时炸弹，随时都可能把这个大“馅饼”炸得无影无踪。

这位企业家回到自己的工厂，看着陈旧的设备和厂房，顿时感到很沮丧，看来实地考察这关是过不了了。有人出主意说：“我们可以先花点钱，租用一间大工厂，反正那个外商也看不出来。”这位企业家严肃地反驳道：“即使订单泡汤，也绝不能糊弄别人。世界上每一个人都很精明，令人信服并真心喜欢和你交往，那才是最重要的。”雪上加霜的是，也没有一家大公司愿意为他的公司做担保。

第二天上午，这位企业家专门将那个加拿大外商请到自己的工厂来参观。他诚恳地对外商说：“对不起，先生，我的工厂太小，没有任何一家有实力的本地公司愿意为我做担保。”外商说：“你的诚信，就是最好的担保。”这位企业家很高兴，说：“这次十分感谢你对我们的信任和支持。问题是，对我们公司来讲这个订单有些大，我们目前的能力不能满足你们公司的需求，一是因为我们公司的资金很紧张，公司运转很吃力，二是我们公司规模也太小了。”

“这样如何？我们先给你的公司付一部分预定金，让你的公司可以正常运转。”外商痛快地说。

由此可见，诚信就是金钱。

【案例分析】

诚信是为人之道，是立身处世之本。“人无信不立，业无信不兴”，做企业和做人一样需要诚信。一个企业要想获得长远发展，就必须讲诚信。诚信不仅是珍贵的职业素养，也是生产力。因此可以说，诚信是对创业者创业的内在要求。

探索活动：“自知之明”活动

活动目的

一个成功的创业者要具备很强的心理素质、道德素质和专业素质。你是否具备这样的素质？通过下面这个活动，可以使你对自己的素质有一个基本的了解。

活动内容

表 3-2 至表 3-12 是有关创业者素质的测评表，各表中的 A 栏和 B 栏中各有一些表述，其中有一个更符合你的情况。如果 A 栏里的表述符合你的情况，请在 A 栏左侧的空格中填写 2；如果 B 栏里的表述符合你的情况，请在 B 栏右侧的空格中填写 2。在自我评价时要诚实。

表 3–2　独立自主素质测评

A		B	
能单独解决出现的问题		可以和朋友合作解决出现的问题	
很期待新生事物的产生和发展		喜欢安逸和不劳而获	
常常做别人认为不靠谱的事		喜欢做自己认为对的事	
在行动上很少受他人影响和支配，能把自己的主张贯彻到底		在行动上会受他人影响，觉得他人意见更好，会按照他人的想法去做	
遇到问题，努力解决，喜欢挑战		遇到问题，常消极对待	
合计		合计	

表 3–3　冒险素质测评

A		B	
创业途中有险阻，不一定一帆风顺，但不妨尝试一下		创业有风险性，还是选择就业比较妥当	
遇事不慌乱，能够勇敢地面对		喜欢做稳妥的事情，不喜欢面对问题	
投资或创业失败，也能够面对现实		创业失败，可能会一蹶不振	
不计对错，有益处就去干		面对选择，会思考许久才去行动	
喜欢在风险中求生存，有激情		喜欢选择安全而稳定的工作	
合计		合计	

表 3–4　顽强坚定素质测评

A		B	
面临极大的困难，仍保持头脑清晰，不会放弃		如果面临的困难太大，不值得去克服	
不会为挫折和失败困惑太长时间		挫折和失败对自己的影响极大	
坚信自己能够扭转困境		自己能力有限，没有碰到好运气	
别人不同意自己的观点，会尽力去改变别人的看法		别人不同意自己的观点，就垂头丧气地放弃它	
危机情况下，能冷静思考并解决问题		情况转危时，自己感到紧张到不知所措	
合计		合计	

表 3–5　诚信品质测评

A		B	
言行一致，所做即所想		言行不一	
在路上拾到钱包后会主动归还给失主		在路上拾到钱包后据为己有	
乘坐公共汽车或地铁时从不逃票		常常为逃票而沾沾自喜	
承诺别人的事情一定要做到		会经常因为某些原因而未能履行对他人的承诺	
认真完成老师布置的每一次作业		觉得作业完成得差不多就行，没必要追求精益求精	
合计		合计	

表 3–6　责任心品质测评

A		B	
在公交车上，见到老人会主动让座		在公交车上，见到老人上车，视而不见	
外出时，找不到垃圾桶，会把垃圾带回家		外出时，找不到垃圾桶，随便找个隐蔽的地方将垃圾扔掉	
能为家人着想		从不考虑自己家人，自己高兴就好	
经常帮助有困难的同学和朋友		很少帮助有困难的同学和朋友	
发奋学习专业知识和各种技能		学习不是首要的事，经常和同学逛街、上网	
合计		合计	

表 3–7　守法律己品质测评

A		B	
令出必行，敢于担当		做事找借口，推卸责任	
在生活、学习中严格要求自己		差不多就行，从不严格要求自己	
严格遵守校纪校规		经常违反校纪校规	

续表

A		B	
熟悉法律，能依法办事		不了解法律	
能控制自己的情绪、行为和习惯		不能控制自己的情绪、行为和习惯	
合计		合计	

表 3–8　勤俭节约品质测评

A		B	
花钱有计划，合理分配每月的生活费		每月的生活费都不够花	
爱惜粮食、不挑食、不剩饭		经常将吃不完的饭菜扔掉	
出门能随手关灯		出门经常忘记关灯	
会节省开销		只要是自己喜欢的就会购买	
不与别人比吃穿		别人有的，我也要有	
合计		合计	

表 3–9　专业素质测评

A		B	
热爱自己所学的专业		对自己所学的专业毫无兴趣	
乐于培养自己的专业技能		对专业技能的培养没有兴趣	
除学习课本知识，还经常参与课外实践活动		很少参与课外实践活动	
一次性通过各科考试，没有“挂科”现象		偶尔会有“挂科”现象	
非常精通自己所学的专业		对专业知识一知半解	
合计		合计	

表 3–10　专业素质测评

A		B	
愿意和别人沟通		与人沟通有心理障碍	
愿意在公共场合演讲		常常为演讲水平不佳而苦恼	
喜欢结交朋友，参加社交活动		朋友很少，很少参加社交活动	
愿意做会议主持人		做主持人就发怵	
喜欢在宴会上致祝酒词		不喜欢在宴会上致祝酒词	
合计		合计	

表 3–11 管理能力测评

A		B	
喜欢做大型活动的组织者		不擅长组织大型活动	
做事情有计划，无论何时何地，都能有目的地行动		做事情没有计划，想到什么就做什么	
反应迅速判断，执行力比较强		办事有拖延的习惯	
能经常思考对策，扫除实现目标的障碍		很少进行思考、总结	
能严格约束自己的行动		不能严格约束自己的行动	
合计		合计	

表 3–12 创新能力测评

A		B	
擅长讲笑话、说趣事		不擅长讲笑话、说趣事	
有想法，喜欢尝试新事物		从来不做那些自寻烦恼的事	
遇到问题能从多方面探索其可能性，而不是拘泥于一条路		认为按部就班、循序渐进才是解决问题的方法	
不拘泥于一成不变的生活		喜欢传统的、稳定的生活方式	
总是想办法说服别人接受自己的观点		喜欢接受别人的观点，而不是说服他人接受自己的观点	
合计		合计	

你的成绩

将每项素质的得分相加后，分别填入表 3-13 中 A 栏和 B 栏对应的框里，然后在相应的位置打“√”。如果 A 栏得分为 6 ～ 10 分，说明你在这些方面的能力和素质是你的强项，请在“强项”下面画“√”。如果你 A 栏得分为 0 ～ 4 分，说明你在这些方面的能力不太强，请在“弱项”下面画“√”。如果你 B 栏得分为 0 ～ 4 分，说明你在这些方面的素质或能力有点弱，请在“较弱”下面画“×”。如果你 B 栏得分为 6 ～ 10 分，说明你在这些方面的素质或能力很弱，请在“太弱”下面画“×”，A 栏得分高，说明你在组织和经营企业方面很可能取得成功。

表 3–13 创业素质评价表

项目	素质	A	强项（6–10 分）	弱项（0–4 分）	B	较弱（0–4 分）	太弱（6–10 分）
1	独立自主						
2	敢于冒险						
3	顽强坚定						
4	诚实守信						

续表

项目	素质	A	强项（6–10 分）	弱项（0–4 分）	B	较弱（0–4 分）	太弱（6–10 分）
5	责任心						
6	守法律己						
7	勤劳节俭						
8	专业能力						
9	社交能力						
10	管理能力						
11	创新能力						

如果 A 栏对应项目的总分为高于 60 分，说明你具备创业素质和能力。

如果 B 栏对应项目的总分为低于 60 分，说明你创业素质和能力有待加强。

自我测试后，请你的同学或朋友利用上面的表格再对你进行一次评价，比较两次评价的结果，能够更客观、准确地评价你的创业素质和能力。

写一份《我所具备的创业素质和能力》的报告，约 600 字，针对不具备的创业素质和能力要写出具体的改进措施。

活动检测

活动结束后，教师可根据表 3-14 的内容进行打分。

表 3–14　探索活动评价表

评分标准	分值	实际得分	备注
能积极参与活动	20 分		
能客观准确地描述自己	20 分		
能找出自身的问题	20 分		
报告撰写认真，符合要求	20 分		
能提出有效的解决方案	20 分		
总分	100 分		

能力训练

1. 小组讨论。“对于创业者而言，今天是残酷的，明天是残酷的，后天是美好的。但大部分创业者都死在了明天晚上，失败的经验是没有坚持，我成功的经验就是坚持。”你如何理解这位民营企业家的这段话？请同学们以 3 ～ 5 人为一组，就上述话题展开分组讨论，积极发表自己的见解。

小组讨论结束后，教师可根据以下要点对学生进行评分：

（1）积极参与讨论（20 分）。

（2）能够提出鲜明的观点（30 分）。

（3）能够大胆表达自己的想法（30 分）。

（4）语言表达流畅（20 分）。

2. 推荐同学们观看电影《中国合伙人》。

推荐理由：

该影片主要讲述了 20 世纪 80 年代成东青、孟晓骏、王阳三位心怀梦想和热情的年轻人在大学校园内相遇、相识，之后共同创办英语培训学校，并最终实现“中国梦”的励志故事。最初，他们的创业并不被人看好，也遇到过很多困难，但是，在经历了很多磨难后，他们最终获得了成功。该影片向人们展示，只要有梦想、有信仰，就一定能取得创业成功。

看完影片后，请思考以下问题：

（1）电影中，成东青、孟晓骏、王阳为什么能创业成功？

（2）他们三个分别具有哪些创业者的素质？

（3）结合影片说说创业素质对创业成功的重要作用。

拓展延伸

创业素质测评：许多人都希望拥有属于自己的事业，进行以下测试可以帮助你了解自己是否适合创业。请根据实际情况回答下列问题，在作答时，一定要根据第一印象回答，不要做过多的思考。

（1）自己的知识和技能是否能达到创业要求？

（2）自己的思想道德水平是否符合创业要求？

（3）是否进行过心理健康方面的咨询？

（4）是否具有一定的法律常识？

（5）是否参加过创业培训？

（6）是否废寝忘食地做过一件事？

（7）是否经常听取他人建议？

（8）是否有收集过与创业相关的案例资料？
（9）是否有自己的特长？
（10）是否愿意积极参加集体活动？
（11）是否喜欢自我表现？
（12）是否乐意帮助别人？
（13）是否爱打抱不平？
（14）是否能够给人留下良好的印象？
（15）是否制订过理财计划？
（16）是否给别人提出过合理化建议？
（17）开会是否经常迟到？
（18）在交往中，是否要占据主导地位？
（19）在逆境中，是否能够坚持到底？
（20）是否乐于做公益活动？
（21）是否经常把别人的事看得比自己的事还重要？
（22）在工作中，是否能够尽力发挥自己的主动性？
（23）是否愿意将成功的喜悦分享给他人？
（24）对不喜欢的人，是否敷衍了事？
（25）对事业的付出是否大于对家庭的付出？

3.3 提升素质的方法

创业问题

个人的创业素质是创业成功的关键因素。虽然优秀素质与遗传基因有一定的联系，但也可以通过后天的培养获得。只要掌握提升创业素质的方法，并有意识地去练习，就会逐渐提高自身的创业素质。在进行下面的学习之前，请同学们思考以下问题：

（1）你知道哪些提升创业素质的方法？
（2）在生活中，你会有意识地提升自己的创业素质吗？

3.3.1 提升心理素质的方法

1. 自信心的培养

成功的人都是自信的人。有了信心，就有了前进的勇气与力量，就有了奋斗的动力，从而能克服重重困难，战胜失败与挫折，最终取得成功。提升自信心的方法有以下几种：

（1）发现自己的优点。经常想想自己的长处，回忆自己做过的、引以为豪的事或成功的事，这是树立自信心较为有效的一种方式。因为个人的自信心，都是在成功实践的基础上，经过他人肯定和自我确认，逐渐树立起来的。

（2）掌握一项技能。拥有一技之长的人，都比较容易拥有自信心。因为通过自主学习来掌握一项职业技能，不但可以锻炼自主学习能力，还能让自己在面对新困难时，可以自信地说：“我现在不会，但我自学能力不错，只要我努力，一定能学会！”

（3）长时间知识的积累。长期的知识积累，不断地自我学习，才是自信的来源、创业的本钱。

（4）做足、做好准备。在事情没有到来之前，就应该有所准备，不要等事情出现了再寻找解决办法。人们常说要有先知先觉，做长远打算。不要认为计划赶不上变化，做任何事之前，都要做好充分的准备，认真仔细地调查要做的事，不明白的地方要虚心地请教他人。

（5）勇于表现自我。自卑的人，常常把自己“隐藏”在人群当中，尽量不让他人注意自己。如果要变得自信，就要让更多的人关注你。在公共活动场合，能坐到前排尽量坐到前排；在发表个人观点的时候，一定要积极主动；尽量多参加一些集体性的活动，如马拉松比赛等。也许一开始做得不够好，但也要敢于尝试，这样才能不断进步。

2. 胆量的培养

人的胆量虽然与先天遗传因素有关，但也可以通过后天的培养和训练得到提高。培养胆量的方法主要有以下几种：

（1）多实践、多行动。多实践、多行动就是敢于做自己想做的事。在实践和行动中磨练自己，培养自己临危不惧、泰然自若地应付各种突发事件的能力。

（2）做自己害怕的事。在道德和法律允许范围内，在保证生命安全的前提下，做自己害怕的事。做完之后，你会发现很多事情原来没有想象中的那么困难。

（3）多接触有胆量的人。跟随有胆量的人，自己的胆量也自然会得到提高；向有胆量的人学习，学习他们的勇敢精神和大胆的行事方式，这是获得胆量的有效途径。

3. 毅力的培养

培养坚强的毅力是事业成功的基础，也是致富的前提。以下是培养个人毅力的几种方法：

（1）做事情要有始有终，不能因为困难而放弃。

（2）加强体育锻炼。这样不但能增强身体素材和抵抗能力，而且能对负面情绪等起到疏导的作用。

（3）要一心一意做好某件事。“三天打鱼，两天晒网”的心态对培养毅力往往起负面影响。

3.3.2 提升道德素质的方法

1. 诚信的培养

诚信道德素质的培养需要做到以下几点：

（1）认识诚信的重要性。诚信是各行各业生存的根本，坑蒙拐骗、以假乱真、以次充好不是长久经营之道。消费者可能上当受骗一次两次，但不可能一直受骗。

（2）以诚待人。努力做到言行一致，表里如一，做老实人，说老实话，办老实事；在职业活动中，先信人一步，不怕先吃亏。

（3）以信立业。在为人处世中要“言必信，行必果”，当履行承诺的条件发生变化时，不管有多大的困难，都要想方设法地信守承诺。

2. 责任心的培养

培养责任心，需要从身边的小事做起。例如，对青年学生来说，发奋学习科学知识，学习各种技能，增强本领，是对自己负责任的表现；节省开销，尽力为家庭减轻负担，是对家庭负责任的表现；力所能及地帮助有困难的同学和朋友，遵守公共秩序，保持环境卫生，建设优美的校园和社会环境，就是对社会负责任、尽义务的表现。

在日常生活、学习及工作中，不懒惰，不怕艰难困苦，敢于承担各种责任和义务，才算是有责任心和义务感的人。

3. 守法意识的培养

守法意识可通过学习法律知识来培养。学习的途径有很多，可从书本上学习，也可从社会实践中学习，随时随地学习各种法律知识，将其纳入自己的知识体系。

4. 节俭习惯的培养

节俭习惯可通过以下几个方面来培养：

（1）树立崇尚节俭的意识，从自我做起，从身边小事做起，如爱惜粮食、不挑食、不剩饭等。

（2）花钱要有计划，做到每花一分钱都心中有数，将钱花到必要的地方、重要的地方。

（3）不与人攀比，不要与别人比吃穿，不向家长提出过度的物质要求。

（4）注重细节，细节往往能反映大问题，决定事情的成败。比如停放自行车要到位、自觉排队等地铁，等等。

3.3.3 提升专业能力的方法

1. 专业能力的培养

现实社会中，任何人创业都是在某个领域或某个行业取得成功。没有专业特长的人要取得创业成功，是有很大困难的。所以，我们要提高自己的专业能力。培养专业能力需要做到以下两点：

（1）喜爱自己选择的专业，并努力学好专业知识，为创业打好理论基础。

（2）在实践中不断提高专业技能。

2. 社交能力的培养

提高自己社交能力的方法有以下几种：

（1）找出困扰自己的社交问题。现实生活中，我们每个人在与别人的交往中都可能遇到这样或那样的困惑。因此，正确找出困扰自己的社交问题，有助于对症下药，解决问题。

（2）树立正确的心态。在与人交往的过程中，当他人的想法与你的想法不一致的时候，要用包容的心态去面对；遇到比自己能力强的同学、朋友，不要自卑，要学会欣赏他人的优点；不要因为与对方“不投缘”就拒绝与其交往。

（3）掌握社交心理和社交技巧。可以多读一些待人接物方面的书籍，掌握人际交往的技巧。

3. 管理能力的培养

提高管理能力需要做到以下几点：

（1）学会掌控自己的时间。首先是分析自己的时间分配情况，可以连续记录自己在一个月时间内每天进行的活动，一年之内记录三到四个月。然后进行分析，哪些事情根本不必做，哪些事情可以由别人代为而不用亲力亲为，哪些事情可以通过改进方法来提高工作效率。最后，取消浪费时间的不必要活动，将有限时间用来处理重要的事情。

（2）学会用人所长。“好钢要用在刀刃上”，因此，真正优秀的管理者会首先考察一个人最擅长做什么事，再根据其长处来安排工作。

（3）学会要事优先。即集中精力先处理重要的事情。

（4）善于做出有效的决策。

4. 创新能力的培养

创新是创业精神的核心。要通过保持个性发展和好奇心、求知欲，勇于突破前人、突破书本、突破难题，自觉培养科学精神，来训练创新思维，提高创新能力。

典型案例：不让创业机会从指间划过

秦先生，2008年毕业于成都市某职业中学计算机应用软件专业，创立了一家商贸公司，并在某数码广场设有铺面，主要从事计算机及配套产品销售，并承接大型网络的安装，还做安防系统工程。

秦先生特别喜爱计算机专业，对计算机理论方面的知识学得很扎实，对软件的操作、应用也十分娴熟。秦先生说：“一个人要想取得成功，就一定要找到自己最想做的事，当然这也是他最能干的事，这样他就能够每天都很有热情地去工作。”

秦先生的第一份工作是在电脑城一家批发无线网卡的科技公司做销售员。秦先生有着明确的目标，他要从最基层的售货员做起，一步一个脚印、扎扎实实地在计算机行业里扎根。每天他都第一个到达公司，然后打扫卫生，为同事们跑腿送货。公司在七楼，但他送货的时候从来不乘坐电梯，因为电梯需要等。他曾为了熟悉业务，奔波于成都市大大小小的电脑城之间，对每一个电脑城的结构、每一个品牌的位置，甚至每一个楼梯的出口方向都了如指掌。为了搞好售后服务，他不厌其烦地解答客户的每一个疑惑，耐心处理客户在使用产品中遇到的问题。因为这股认真负责的劲头，很多客户都记住了这个踏实肯干的小伙子。慢慢地，他积累了许多客户资源。

他在第一家公司工作了四年，养成了不怕辛苦、勤奋、细心、有规划的职业素养，这些都成为帮助他日后成功创业的可贵素质。

后来，秦先生从公司辞职，开始了自己的创业生涯。

开始的时候，他只是一名“职业串串”，为经销商“串”货卖。秦先生深知如果只负责卖产品，对产品不了解，当客户遇到问题时不能帮客户解决，那么好不容易建立起来的客户信任就会土崩瓦解。因此，他常常去朋友的铺面学习新的东西，了解新产品的性能，接触一些之前从未涉及的领域，如笔记本电脑的维修、计算机系统的安装、监控安装等。

有一次，一个客户找秦先生安装某品牌机双系统。其实他根本不会，他完全可以找个技术员帮忙。但他知道，如果这样下去，他永远都学不会如何安装系统。不愿服输的他决定一定要学会这项技能，于是他在网上搜寻信息，一一尝试了论坛上给出的方法，但始终没有成功。后来才发现原来是网络问题，因为某品牌机双系统恢复必须要用电信的网络，使用其他开放网络就会报错。最终，在持续工作19个小时后，他终于把某品牌机双系统安装好了。通过这次尝试，他开始潜心研究笔记本维修技术，积累了许多解决机器问题的技术和理论知识。

一次，一位客户请秦先生在一家珠宝店安装监控，时间紧，任务重。他考察现场后，拟定了施工方案，得到店主同意之后，开始安装。花了大半天时间终于安装完成，但摄像头调试好后，只有四个摄像头有图像，另外两个没有图像。于是秦先生又把两个没有图像的摄像头拆掉、重装，最后所有摄像头都没有问题了。第二天，客户给秦先生打电话说，摄像头的质量太差，安装的点位也不对。为了解决问题，秦先生重新改点、布线，把摄像头全部卸下来换了一批新的。经过一整夜不休不眠的工作，终于把摄像头装好，客户也很满意。尽管这样做利润会减少，但他坚信使客户满意才能赢得信任，赢得市场。

正是凭着这种认真、踏实、负责的工作态度，他赢得了客户的信任。现在他的客户基本上有一半都是老客户，有些老客户还为他介绍新的客户过来。他深知信任来之不易，唯有用心，才能做得更好，才能在创业这条路上越走越远。

【案例分析】

秦先生获得成功的要点如下。

（1）他能够发现自己的兴趣点，然后通过钻研、学习不断提升自身的专业能力，为创业奠定了理论基础。

（2）他看到了自己专业领域的创业机会，并通过积累的客户资源创办了自己的公司。秦先生曾说："创业机会永远都在我们身边，只是这个机会可能会在不经意间，从你的指间划过。"

（3）他心中有坚定的创业目标，不论道路有多艰难，他都没有放弃，始终抱着认真踏实、勤奋好学的心态去拼搏。

探索活动：创业素质和能力调查活动

活动内容

素质和能力是人生的软财富，是个人事业的生机所在，也是个人创业成功的关键所在。所以青年学生要发挥自己的主观能动性，积极培养自己的各项能力，只有自身能力增强了，才能在创业的道路上披荆斩棘，取得成功。

为了解青年学生创业素质和创业能力的现状，可开展"创业素质和能力调查活动"。

具体活动流程如下。

（1）4～5人一组，每组选出一个小组负责人，负责整个活动的策划和安排。

（2）各小组按照要求设计调查问卷，问卷内容要涵盖创业素质和创业能力的有关问题，所提问题要包括封闭性问题和开放性问题两类。

（3）选择调查时间和调查对象，利用课外时间进行调查。

(4) 调查结束后，每小组撰写一份调查报告。报告的内容包括调查目的、调查对象、调查方法、调查分析及结果、素质和能力提升建议等。

活动检测

活动结束后，教师可根据表 3-15 进行评分。

表 3–15　评价表

评判标准	分值	实际得分	备注
能够积极参与活动	25 分		
调查问卷设计合理、符合要求	25 分		
分析正确	25 分		
提出了有效的建议	25 分		
合计	100 分		

能力训练

1. 在校园里摆摊卖文具、生活用品、旧书等，最好不要卖学校超市里有的产品。而且，不仅要把产品卖出去，还要从中赚钱。具体实施步骤如下：

(1) 分配实验组，每 4 ~ 6 人为一组，确定要卖的产品、价格、进货渠道、团队分工等事项。

(2) 选择时间段进行销售。

(3) 小组成员撰写实践总结，内容包括活动实施效果、实践心得及体会。

2. 分组讨论：

将全班学生分成若干小组，每组 4 ~ 6 人，每小组从以下题目中选择一个进行讨论。

(1) 19 世纪某个小城市里经常有窃贼偷车站里的灯泡，这既造成了公共财产的损失，又有一定的安全隐患。处理此事的工程技术人员不能改变灯泡的位置，也没有足够的资金来使用，不过他提出了一个很好的解决方案。那么，工程技术人员提出的是什么方案呢？

(2) 在某个城镇里有四家皮鞋店，四家店出售的都是同系列、同型号的皮鞋，但其中一家店丢失的皮鞋是其他三家的 3 倍多。思考一下，怎么会出现这种情况，怎么解决这个问题？

（3）某人以一吨 5 千元的价格购买了羊草，然后以一吨 3 千元的价格售出，他靠这个生意变成了百万富翁。他是怎么做到的？

拓展延伸

1. 组织一次课堂辩论赛，辩论的主题是：学历重要还是能力重要。通过这个活动，可以提高学生的表达能力、问题分析能力和逻辑思维能力。

2. 策划一次班级联欢活动，要求有主题和目的、有实施程序和预期效果分析、有组织方案和应变措施等。通过这个活动，提高学生的管理能力和创新能力。

本章总结

本章主要讲述了以下几个方面的内容：

- ❑ 创业动机的概念、重要性，以及如何激发和培养自己的创业动机，成就创业梦想。
- ❑ 创业者应具备独立自主等心理素质、诚信为本等道德素质以及各项基本能力。
- ❑ 提升创业者素质和能力的方法，指导青年学生从各方面提升自身的创业素质和能力。

第4章

把握创业命脉

本章目标

- ❑ 了解创业机会的概念、来源和方法
- ❑ 掌握分析、选择创业机会的方法
- ❑ 根据自身条件寻找适合自己的创业机会

自我思考

创业是指根据市场调研、社会需求，创业者对手中资源进行优化整合，从而创造出更大的经济或社会价值的过程。创业需要机会，在我们身边就隐藏着很多创业机会，之所以没有发现它们，是因为我们缺少善于发现的眼睛。发现创业机会是有规律可循的，如何发现创业机会，需要创业者掌握一定的方法。本章主要就是告诉大家如何去寻找身边的创业机会。

请同学们思考以下问题：

（1）生活中有适合你的创业机会吗？

（2）你是如何选择创业机会的呢？你是否把握住了创业机会？

开篇故事：淘金“淘出”牛仔服

李维·施特劳斯（Levi Strauss）是世界某著名服饰品牌创始人。他出生于德国一个小职员家庭。他从小就很聪明，顺利地上完大学后，他当了一名文员。20 多岁时，他打算去美国西部，投入到加州的淘金大潮中。在西行路上，有许多河流阻碍了前路，李维·施特劳斯从中发现了商机，他开始租赁船只运送人们过河，靠这个赚了不少钱，不过后来这个生意被当地人抢去了。

李维·施特劳斯继续前往西部。来到西部，他发现淘金的人很多，卖水的人很少，于是他又向淘金者卖水，赚了不少钱。后来，卖水的生意也被抢走了。

李维·施特劳斯不得不再次寻找新的商机，他观察到这里的工人在工作中，很容易将衣服磨烂，而这里又有许多搭帐篷用的帆布，于是他有了一个想法，用这些结实的帆布做成衣服和裤子卖给工人。就这样，他做出了世界上第一条牛仔裤，并最终成为举世闻名的“牛仔裤大王”。李维·施特劳斯有双善于发现的眼睛，能够发现其他人都看不到的商机，并努力去实现它，最终达成了自己的梦想。我们要像他一样，随时适应外界的变化，并从中寻求突破，这才是创业的成功之道。

4.1 寻找创业机会

创业问题

一个成功的创业者，能很容易发现别人不能发现的创业机会，这一点难能可贵。除了能够发现创业机会外，他们还能够通过调研、投资，使这种创业机会在现实中产生利益。

在进行下面的学习之前，请同学们先思考以下问题：

（1）如何才能更敏锐地发现创业机会？

（2）面对众多的创业机会，如何判断其中哪一个最具商业价值？

4.1.1 创业机会概述

若创业者在创业过程中能够把握住机会，这样创业就成功了一半。在市场经济高速发展的时代，把握住创业机会，想出好点子，满怀信心，就能拥有广阔的创业前景。

创业机会是指在市场经济条件下，社会经济活动过程中形成和产生的一种有利于企业发展成功的因素，是一种带有偶然性并能被创业者发现并利用的契机。

创业机会具有以下特性：

普遍性：一切有市场、有经营的地方，客观上就存在着创业机会。创业机会普遍存在于各种经营活动当中。

偶然性：对创业者来说，创业机会的发现带有很大的不确定性，任何创业机会的产生都有其偶然性。

时效性：创业机会存在于一定的空间和时间范围之内，随着产生创业机会的客观条件的改变，创业机会也会随之消失。

4.1.2 创业机会的来源

创业机会从何而来，这个问题重要且难以阐述清晰。众多观点中，以美国凯斯西储大学谢恩教授的观点比较有代表性。谢恩教授提出创业机会一般于四种变革中产生，这四种变革分别是技术变革、政治和制度变革、社会和人口结构变革、产业结构变革。

1. 技术变革

技术变革，可以使人们去做以前做不到的事情，或者更有效地去做以前只能用低效方法去做的事情。新技术的出现也改变了企业之间的竞争模式，使得创办新企业的机会大大增加。例如，太阳能电池板的出现，为创业者提供了新的机会。

2. 政治和制度变革

政治和制度变革清除了过去的障碍，或者创造了更大的新价值，或者将价值进行了转移。例如，环境保护和治理政策出台，会将那些污染严重、对环境破坏大的企业的资源，转移到推进生态文明建设的创业机会上来。

3. 社会和人口结构变革

社会经济发展以及社会生产方式决定人口社会结构及其变动，人口社会结构反作用于社会经济发展。在一般情况下，随着时间的推移及经济发展而有所变化。例如，改革开放以来的教育和海外留学，让中华民族积累了规模巨大的人才和人力资本，也加快了改革高等职业教育体制建设，培养创新型人才和制造业、服务业升级需要的高素质劳动力，改变我们各行各业不利于创新创业的体制、机制等环境，吸引留学生归国创业创新。

4. 产业结构变革

产业结构变革是指因企业消亡、企业吞并、企业合并等原因而使行业结构发生变化，进而改变行业中的竞争状态。产业结构变革也会影响创业机会。

典型案例：鸟笼和鹦鹉

有人在浙江省义乌市弄了一批清仓处理的鸟笼，鸟笼价格特别便宜，而且做工非常精美，他以为自己可以发一笔小财了。可是鸟笼这种商品不是生活必需品，客户不需要的时候，再便宜他也不会买。这个人到处推销鸟笼，却一个都卖不出去。于是他买了一批鹦鹉回来，搞了一个“买鸟笼就送鹦鹉”的促销活动，可是依然无人问津。

眼看这批鸟笼就要砸在手里了，这可把他急坏了。后来一位高人给他出主意说：“附近有一个公园，里面有很多摆地摊的，你可以办一个活动，免费套鹦鹉，套到的鹦鹉可以免费领走。要想拿走鹦鹉，就得买个鸟笼，这样，鸟笼就不愁卖不出去了。”果然，不到一个月鸟笼就被卖光了，这就是存量法则。

【案例分析】

对每个人来说，创业机会都是平等的，关键是看你能否把握机会或主动创造机会。

所谓存量法则，是指一件事如果不继续做下去，那么之前做的存量就会清零，一件事之前的存量越大，那继续做下去的动机就会越强，放弃的想法就会越弱。在该案例中，创业者参透人们的心理，活用“存量法则”，创造出以前并不存在的需求（免费得到鹦鹉，就必须给鹦鹉买鸟笼），最终获得了成功。

探索活动：创业机会探寻活动

活动目的

培养学生发现创业机会的能力。

活动背景

在互联网迅速发展的今天，商品经济也蓬勃发展，再加上疫情的影响，国家为了发展经济，大力提倡地摊经济。所以只要有想法、胆子大，就能找到挣钱的门道。

活动内容

仔细观察、认真思考，寻找身边的创业机会。

具体操作步骤如下：3 ~ 5 人为一组，每组通过头脑风暴法想出尽可能多的创业机会，并以书面形式一一列出。

建议：创业机会来源可考虑以下几个方面。

（1）个人生活经历。

（2）偶然的发现（日常生活中、旅行中……）。

（3）个人兴趣爱好。

（4）个人的家庭环境、家庭成员从事的职业及相关行业背景等。

（5）国家政策导向。

（6）产业结构及技术的变革。

活动检测

活动结束后，教师可根据表 4-1 进行评分，并评选出表现最优秀的一组。

表 4–1　探索活动评价表

评分标准	满分	实际得分	备注
能积极参与活动	20 分		
列出创业机会（1 个加 5 分，不超 20 分）	20 分		
想法有创意	20 分		
想法具有可操作性	20 分		
总分	100 分		

能力训练

关注社会变化、政策变化。请大家根据表 4-2 中的内容，列出社会变化、政策变化带来的相应商机。

表 4–2　变化带来的商机

社会、政策变化	商机 1	商机 2	商机 3	商机 4
“互联网 +”时代的到来				
数字化普及				
产业转型升级				
旅游业兴盛				
“一带一路”的提出				
食品安全				

拓展延伸

通过对文化教育、网上开店、儿童用品、女性用品和老人用品等进行分析，寻找相关创业机会。

（1）文化教育：

（2）网上开店：

（3）儿童用品：

（4）女性用品：

（5）老人用品：

4.2 识别创业机会的方法

创业问题

创业最根本的问题是创造商业价值，但作为一个成功的创业者应能够识别创业机会。在进行下面的学习之前，请同学们先思考以下问题：

（1）如何才能更敏锐地识别创业机会？

（2）面对众多的创业机会，该如何找出其中最具商业价值的一个呢？

4.2.1　影响创业机会识别的因素

在现实中，许多人都有创业的想法，有想法固然很好，但如果能在众多想法当中识别好的创业机会，便能为创业增加成功砝码。影响创业机会识别的因素有如下几种。

1. 先前经验

在特定产业中的先前经验有助于创业者识别机会。调查发现，大多数创业机会并非全新机会的发现，而是对原有的想法和创意的复制或二次加工。

2. 认知因素

在某个领域拥有更多认知的人比其他人更容易觉察该领域内的机会。例如，一位计算机工程师就比一位律师更容易察觉计算机产业内的机会和需求。

3. 社会关系网络

个人社会关系网络的深度和广度影响着对创业机会的识别。建立了大量社会关系网络的人比那些拥有少量社会关系网络的人更容易得到好的机会和创意。通过对 65 家初创企业的调查发现，半数创业者是通过社会关系得到了他们的商业创意。

4. 创造性

创造性有助于产生新奇或有用的创意。从某种程度上讲，机会识别是一个创造过程，是不断反复的创造性思维过程。具有创造性思维的人更容易识别创业机会。

4.2.2 识别创业机会的方法

在现实生活中，常见的创业机会识别方法有以下几种：

1. 通过分析市场发现机会

多数机会都可以通过系统地分析市场而被识别。人们可以从宏观环境（如政治、经济、法律、技术等方面）和微观环境（如顾客、竞争对手、供应商等）的变化中发现机会。借助市场调研，从环境变化中发现机会，是机会识别的一般方法。

2. 通过顾客建议发现、识别机会

根据顾客的需求和建议来发现、识别新的机会，因为顾客有千千万万，顾客的需求和建议也有千千万万，如果将每个顾客的需求和建议进行总结和分析，不仅能提高服务，还能识别创业机会。无论采用什么样的手段，一个讲究实效的创业者总是渴望从顾客那里征求意见和建议，然后从中发现新的机会。

3. 通过创造得到机会

通过自我创造给创业带来生机和新的生命，也是发现和识别创业机会的方法之一。但是运用这种方法之前，最好要先进行自我实验、自我运营、自我总结、自我评价，以找到合适的方式，否则商业风险较大。

典型案例：大学生卖菜出新招

大学生小冯刚毕业后没有找到合适的工作，于是就在新开发的小区门口租了两间房子专门卖蔬菜。

他搞了一个让同行都看不懂的经营套路：办理 300 元的蔬菜充值卡，送 300 元的大米。活动一推出，全小区的许多居民都抢着来办充值卡。就这样，3 天小冯就送出了 300 多袋大米。那小冯是怎么赚钱的呢？

原来小冯为了保证小区的居民每天都能吃上新鲜的蔬菜，他把 300 元的蔬菜给分成 30 次消费，顾客每次可以到店里来领 10 元的新鲜蔬菜。其实这就是一种分拆商业模式的方法，持续地吸引顾客到店里来采购，源源不断地创造出收益。可以想一想，一个家庭一天 10 元的菜钱根本不够啊，按照现在的消费水平，随便买上个鸡、鸭、鱼肉的怎么都需要 50~100 元，所以每次消费的时候，即使减免 10 元，顾客消费的金额也不少，就这一招就有利可图了。送出去300多袋大米，直接锁定了300多个家庭在他这里消费，如果每次消费金额按60元来计算的话，一个家庭30次的消费就是1 800元，300多个家庭合起来就创造了50多万元的营业额。

【案例分析】

一个人的财富取决于这个人的思维和认知，当他具有商业思维，打开思路，自然能够看到无数商机，从而源源不断地创造出收益。

4.2.3 创业机会评价

不是每个创业机会都会给创业者带来益处，每个创业机会都有一定的风险，因此创业者在创业之前要对创业机会进行科学分析与评价，然后做出选择。

1. 有价值的创业机会的特点

有价值的创业机会具有以下五个主要特点：

（1）符合趋势。选择符合社会发展趋势的创业机会更容易获得成功。例如，开办健身房就符合人们追求健康生活的趋势。

（2）解决某个问题。例如，在健身房锻炼，能在一定程度上解决人们亚健康的问题。

（3）持久性。商业机会客观存在于一定的市场环境之中，这种存在是持久的，不是今天存在，明天就消失的。仍以健身房为例，健康生活是人们长期追求的目标。

（4）市场潜力。指未来市场有多少人需求它，是否有较大的需求量。例如，城市里很多白领长时间在办公室工作，缺少锻炼，据此可判断健身房有较大的需求人群。

（5）真实需求。指产品或服务推出后，目标消费者肯定会购买，而不是可能购买或不买。

2. 创业机会的评价标准

创业者需从以下几个方面对创业机会进行评价：

（1）有价值的创业机会应具有独特性、新颖性和难模仿性。

有价值的创业机会是创新的，可以是新技术和新方案，能给市场带来更好、更多的经济效益，所以应具有独特性；有价值的创业项目在一定范围内都有技术领先的特点，即具有新颖性；有价值的创业机会一般还应具有难模仿性。

（2）有价值的创业机会应具有真实性、客观性和可操作性。

有价值的创业机会一般不是凭空想象得来的，而是客观真实存在的，有具体的实用性，这样才能创造实用价值，满足市场的真实需求，也可以更好地服务社会。一般有价值的创业项目都具有可操作性，需要进行市场检验，能带来价值的创业项目才值得考虑。

典型案例：故纸堆里的商机

小李是一名职业院校的学生，她喜欢阅读各类书籍，经常去二手书店淘书。从中她发现了商机，就是许多在二手书店里售卖的二手书都是从市场上按斤买来的。随着网络书店的迅速崛起和图书市场格局的演变，二手书店越来越少，已不能满足人们的需求了。而随着物价的上升，二手书市场的利润空间则在扩大。此外，她还发现一些好书在出版后不久就会下架，甚至有不少书成了绝版书。

经过一番细致分析，小李决定用自己这几年兼职积攒的钱开一家二手书店。她确定自己书店的目标客户为她所在学校的学生和老师。经过调查后她决定主要经营范围为经管、社科和人文类的二手书籍，主要收购知名作者和优秀出版社的书以及老师推荐的书。

随后，她在淘宝网上建立了自己的店铺，既在网上销售二手书，也在网上收购二手书。另外，她还在店里出售一些保价的书籍，不赚客户一分钱，主要用于维系老顾客和吸引新顾客。不久，她增加了"寄售"业务，为老顾客代销二手书，只收一点代销费。小李的二手书店经营了半年之后，每个月都有 4 000 多元的净利润。

【案例分析】

小李开店经营二手书的经历看似平凡，没有什么轰轰烈烈、吸引人的情节，但这是比较典型的青年学生创业活动。小李通过发掘自己身边的资源找到了创业机会，然后整合各种资源，在满足客户需要的同时获得了利润。

探索活动：识别创业机会

活动目的

培养学生识别创业机会的能力。

活动内容

（1）将全班学生分成若干小组，每组 6-8 人。每组设组长一名、副组长一名。

（2）每名学生搜集自己不打算继续使用的旧物品（如日常用品、服装、书籍等），以小组为单位将物品分类归集在一起，并由各组的副组长做好物品的统计工作。

（3）在组长的带领下，各小组成员讨论商定每件物品的销售价格，副组长进行销售价格记录。

（4）以小组为单位，各小组成员每天利用中午与下午课余时间各一小时在校园内自行选择人流密集的地方进行物品销售。销售活动须在连续的三天时间内进行，组长负责维持秩序和过程控制，副组长负责记录销售情况。

（5）三天后，各小组公布自己的销售成果（金额、件数及具体类别）。

（6）活动结束后，以小组为单位分析该机会能否成为创业机会，并说明原因；分析在本次活动中使用了哪些资源，以及是如何获取这些资源的。

活动检测

训练结束后，根据表 4-3 所示的评分标准对学生进行评分。

表 4–3　探索活动评价表

评分标准	满分	实际得分	备注
准备充分，所选地点合适	20 分		
小组成员能够团结协作，共同克服困难	20 分		
能够实现有效销售	20 分		
创业机会分析过程准确无误	20 分		
创业资源分析全面、准确	20 分		
总计	100 分		

能力训练

1. 生活中确实存在着大量的创业机会，但为什么有的人发现了，有的人却视而不见？请同学们按 3 ~ 5 人一组，结合影响创业机会识别的因素对这个问题进行分组讨论。讨论结束后，每组选一位代表讲述讨论的内容及结论。

2. 请同学们利用所学的创业机会评估方法评估下面的创业机会是否有价值。

（1）王先生想组建一家公司，为社区老人提供健康生活服务，即带领社区的老人进行锻炼，提升老年人的身体素质。

（2）在市场需求的推动下，宠物美容业迅速发展。李女士想在小区附近开一家宠物美容店，专门提供宠物用品零售、宠物美容、宠物寄养、宠物销售等服务。

拓展延伸

通过实地调查，访谈身边的创业人物，分析他们的创业机会，总结他们的创业历程及给自己的启发，最后写一份总结报告。访谈的对象可以是创业成功者，也可以是创业失败者。

4.3 把握创业机会

创业问题

创业机会无处不在，无时不在。优秀的人不会坐等机会，而会主动寻找并把握机会。在进行下面的学习之前，请同学们先回答以下两个问题：

（1）把握创业机会的原则和方法有哪些？

（2）若有一个创业机会摆在你面前，你会怎样做？

4.3.1 把握创业机会的原则

1. 抢占先机

机会总是眷顾那些积极主动的人，所以我们必须先学会主动寻找机会。

2. 逆向思维

同样的事，少数人做的时候是机会，很多人做的时候便是竞争。所以，我们要善于运用逆向思维，抛弃从众心理，另辟蹊径发现新的商机。

3. 量力而行

在选择创业项目时，我们应尽可能地寻找适合自己经济能力的创业项目，然后在创业过程中不断积累自己的创业经验。

4. 智勇双全

10 个创业机会中可能有 9 个是不能成功的，我们一定要谨慎选择。不过一旦决定了，就不要怕失败，如果因害怕失败而不去尝试，就会错失好的创业机会。

4.3.2 把握创业机会的注意事项

1. 慎重考虑

任何创业机会中都存在着或多或少的风险，所以在创业之前要慎重考虑，客观评估创业风险，在全面了解外部环境和自身条件的情况下，给自己一个选择的机会，以最大限度地避免创业失败的风险。

2. 果断决策

果断是一个人在面对抉择时表现出来的胆识。在处理平常事情的时候一般不需要魄力，但是当商机出现的时候，就得当机立断，充分利用好这个机会，不要错过好的发展机会。

3. 意志坚定

意志坚定是指做事执着、坚持不懈。并非所有的创业都能获得成功，但意志坚定的人会将失败当成锻炼自己的机会，并从中吸取教训，总结经验，然后再去寻找下一个创业机会，直到获得创业成功。

4. 敢于拼搏

有些人喜欢稳定的工作，不愿承受创业的艰辛，即便有好的创业机会出现，也会因为种种理由，如资金缺乏、缺少技术、没有人脉等放弃创业，使机会悄悄从身边溜走。因此当机会摆在面前时，创业者应不怕困难、敢于拼搏，牢牢把握这个机会。

5. 诚信经营

诚信是获得发展的基础，是产生信任、达成合作的基础，同时也是人与人、组织与组织、商家与消费者之间保持友好关系，互相推动发展，获得长期共荣的基础。在复杂多变的竞争社会中，只有诚信，才能使企业持久发展下去。

典型案例：免费的机场专车

众所周知，绝大多数飞机场都位于城市的郊区，公共交通不是很方便，坐飞机的人若要打车去机场，总是要花上一大笔钱，如果能省去这笔费用那该多好啊！有个人就动起了这方面的脑筋，然而现实情况是，一没钱二没车三没司机，免费简直是天方夜谭，可这个人就是做成了这件事。那么他是怎么操作的呢？

首先他联系了一家汽车公司，选定该公司销售的一款平价车，与汽车公司商议要购买 150 辆这款车，并说这些车是要卖给专跑机场线的网约车司机的，这些司机都非常乐意免费为汽车公司打广告，希望汽车公司在车的价格上做些让步，当然，自己要收取一定的中介费。汽车公司觉得有钱可赚，便答应以极具诱惑力的价格出售这款车。

铺垫都已经做完，他开始发布消息寻找本地要买车的网约车司机，并承诺，司机可以以很低的价格购得这款车，而且买这款车的司机每接一个机场订单，航空公司就会支付 25 元的服务费给车主。这个条件无异非常具有诱惑力，本来就要买车，现在不仅有车还有工作，收入旱涝保收，为什么不买？于是 150 辆同款车一下子销售一空。

思考一下这个商业模式的运作。第一，航空公司多售了机票，利润当然也增加了。第二，司机买到了便宜车，还拥有了稳定的客源，收入当然也增加了。第三，汽车公司多卖了汽车，当然还得到了免费打广告的机会。第四，乘客坐飞机从此有了免费的专车接送。最重要的是，做成此事的人也得到了不错的报酬。

【案例分析】

在整个案例中，没有任何一方的利益受到损害，所有人都得到了满意的结果。可见，善于观察和分析现实，调整思路，及时抓住身边的商机和机遇，果断出击，巧妙地整合和重组资源，让创业成功不再是梦想。

探索活动：寻找和把握机会

活动目的

培养学生识别和把握创业机会的能力。

活动内容

心动不如行动，有了好的想法就要认真地去实施。请同学们选择附近商店里的一种产品，采访至少 5 位购买这种产品的顾客，了解他们使用该产品时遇到的问题（或他们不喜欢该产品的哪些方面），然后让他们描述理想的产品。访问 5 家生产这种产品的企业方代表，了解这些企业认为消费者在使用该产品中会遇到的问题。根据以上调研提出解决方案。从这些问题中，你能发现商机吗？你如何把握这个商机呢？请写出具体的实施方案。

具体活动安排如下：

（1）3 ～ 5 人为一组，选出一名小组负责人。

（2）每组选择一种产品进行采访。

（3）采访完成后，每小组成员填写表 4-4。

表 4–4　工作任务表

产品	顾客使用该产品时遇到的问题，或不喜欢该产品的原因	企业认为消费者在使用该产品中会遇到的问题	解决的方案	发现的商机

（4）根据商机写出具体的实施方案。

活动检测

活动完成后，教师可根据表 4-5 对学生进行评分。

表 4–5　探索活动评价表

评分标准	满分	实际得分	备注
发现商机	25 分		
商机具有创新性	25 分		
针对商机提出实施措施	25 分		
措施具有可操作性	25 分		
总分	100 分		

能力训练

很多创业成功的实例说明，利用自身知识、专业优势或兴趣爱好进行创业是取得创业成功的有效途径之一。请同学们结合所学的专业知识，运用创新思维在相关行业寻找商机。具体操作步骤如下：

（1）采用头脑风暴法寻找潜在的商机，商机越多越好，然后进行分析判断，选出一个适合创业的商机，并讨论出具体的实施方案（提示：如电子商务专业的学生可尝试“互联网 +”的创业形式；机械类专业的学生可利用自己的发明创造进行创业；爱好美食的同学可创办创意餐厅等）。

（2）划分实验组，4 ～ 6 人为一组，按照方案进行创业实践。

（3）撰写实践总结报告。内容包括创业实施效果、实践心得及体会。

拓展延伸

1. 观看视频节目《创业中国人》。

推荐理由：

《创业中国人》是安徽卫视一档“用故事改写故事，用人生影响人生”的成长励志秀。《创业中国人》请来不少具有丰富创业经验的“商业传奇”担任导师，为创业者们出谋划策。

思考：

（1）你认为创业机会对创业有什么意义？

（2）你是如何看待创业机会的？

2. 假如你所在的社区存在以下几个问题，这些问题能否启发你的创业思路？

（1）社区没有令人感到舒服的、可与朋友会面的休闲咖啡店。

（2）社区的餐厅较多，但菜品、服务相似，没有特色。

（3）社区服务不健全，离家近的菜店的蔬菜种类少、价格高；离家远的地方虽有一个综合性的蔬菜市场，蔬菜种类多、价格低，但乘车需花费 20 分钟路程。

（4）在社区附近的商店里，玩具品种比较少，顾客选择的余地不大。

本章总结

本章主要讲述了以下几个方面的内容：

- 创业机会的概念和来源。其中创业机会主要来源于技术变革、政治和制度变革、社会和人口结构变革、产业结构变革这四个方面。
- 如何通过分析市场、顾客建议、创造等来发现和识别创业机会，影响创业机会识别的几个因素，以及如何评价创业机会。
- 把握创业机会的原则和注意事项。

第5章

创业前期准备

本章目标

- ❑ 了解市场调研的内容和方法
- ❑ 了解创业风险的概念、来源和管理，能针对企业存在的风险找出有效的应对方法
- ❑ 掌握创业计划书相关知识，能独立撰写创业计划书

自我思考

创业一直都是勇敢者的游戏，细数那些创业成功者的创业过程，便不难发现，创业是一个没有硝烟的战场。“知己知彼，百战不殆。”当一次机会（项目、产品）出现时，创业者应进行充分的思考、分析，然后当机立断。

请同学们思考以下问题：

（1）创业者在创业之前应做哪些准备？

（2）创业者如何识别和防范创业风险？

（3）创业者为什么要撰写创业计划书？

开篇故事：毕业后二次创业

小陈毕业后创业失败，负债100多万元，但他仅仅用了一招就赚了1 000多万元。他是如何做到的呢？

首先他总结了失败的原因：一是做传统贸易生意压货太多，投资大，回本慢，资金链容易断裂；二是没有顾客群和成熟的销售渠道。不论做什么项目，首先要考虑的是定位，即目标客户是谁。

对已经欠了一身债的小陈来说，他做新项目、售卖新商品时，不考虑办公室和厂房，而是要先找到客户，有了客户再考虑销售，风险就会大大降低。有了目标客户，他就开始有针对性地制作与所售商品相关的创意短视频，并将这些短视频投放到各大短视频平台，就这样坚持了半年时间，其支持者达到了十几万人，这时候再把支持者导入微信销售平台，把支持者转化为消费者。小陈每天只做两件事，一是利用网络做短视频营销，二是发货。就这样他的二次创业成功了。

这个时代仅靠个人卖力吆喝就取得成功的例子少之又少。创业想要获得成功，就要学会分析市场、研究市场，学会规避风险，转换思路，学会借助新科技、新技术的加持。你们认同吗？

5.1 做好市场调研

创业问题

识别和评估创业机会后，下一步就是选择创业项目，将机会转化为生产力和商业价值。在选择创业项目前，还要进行充分的市场调研，进行项目的可行性分析，提高创业成功率。请同学们思考以下几个问题：

（1）市场调研的内容是什么？

（2）市场调研的方法有哪些？其优缺点分别是什么？

（3）完成调研后，如何进行市场分析？

5.1.1 市场调研的内容

市场调研是指对产品从生产、流通到消费领域所做的调研。调研内容包括消费者调研，以及产品的定价、包装、运输、销售环境、销售渠道、广告投放等的调研。

进行创业相关的市场调研，主要是弄清楚以下一些问题：消费者对拟提供的产品或服务的需求程度、各种类型消费者消费的可能性、消费者对提供的产品或服务的价格是否满意、可替代产品或服务的市场供给状况、消费者对同类产品或服务的认知渠道和消费依据等。

5.1.2 市场调研的方法

1. 文案法

文案法是根据实际收集的相关文案资料或者文案信息，对有用的部分进行选择和分析的市场调研方法。此方法中用到的文案资料有以下两种：

（1）企业内部资料：包括业务资料、统计资料、会计资料及企业积累的其他资料。

（2）企业外部资料：是指由企业以外的机构记录或收集的资料，可通过互联网、图书馆、政府机构、新闻媒体、研究机构和调查公司等途径获得。

2. 访问法

访问法是指通过询问的方式向调查对象了解市场情况的一种市场调研方法。采用访问法进行市场调查时，调查人员一般会向调查对象发放调查问卷，问卷中的问题涉及调查对象的行为、意向、态度和动机等方面。

可以根据调研对象的特征选择合适的调研形式对其进行访问和采访。

1）入户调查

就是到调查对象的家中直接面对面地进行交流和采访。入户访问的步骤如图 5-1 所示。

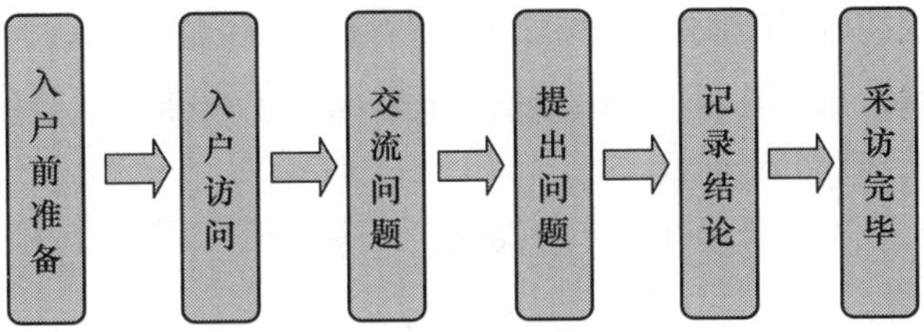

图5-1 入户调查的步骤图

2）街头访问

就是在大街小巷、小区门口、大学门口以及商场等场合，对调查对象进行面对面的交流。街头访问的步骤如图 5-2 所示。

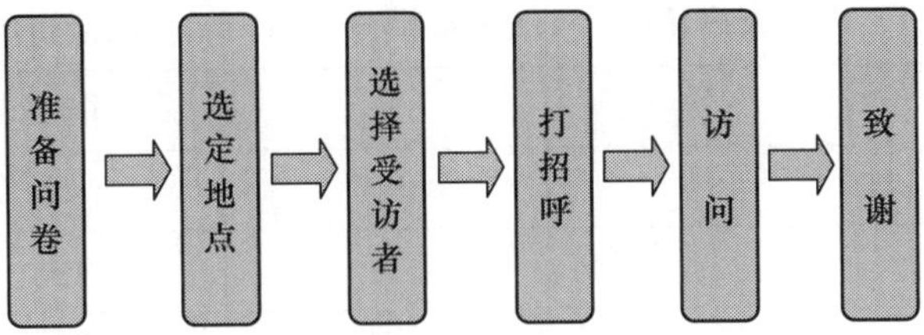

图5-2 街头访问的步骤

3）电话访问

电话访问是指使用电话对调研对象进行询问和交流。

（1）传统电话访问：是指调查人员使用普通电话，通过随机拨号的方法选择调查对象，然后对照纸质问卷对调查对象进行提问，并记录答案的过程。

（2）计算机辅助电话访问：是指调查人员利用计算机辅助电话调查系统随机拨号选择调查对象，然后按照计算机屏幕上显示的问卷对调查对象进行访问，并将答案直接输入计算机系统的过程，如图 5-3 所示。

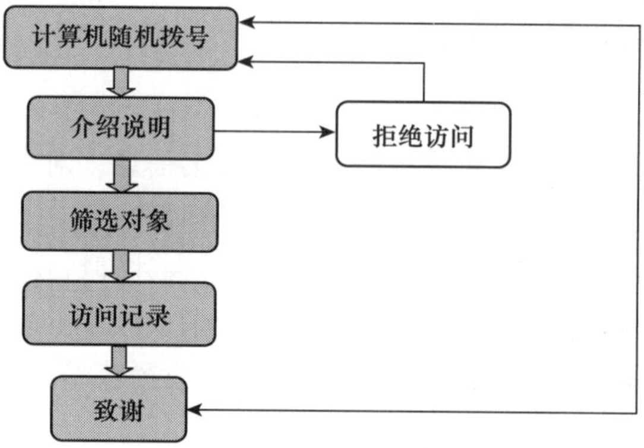

图5-3　计算机辅助电话访问流程

4）网络访问

是指利用微信、QQ 等软件在网络平台上对客户进行询问和采访的调研方法。

（1）网页问卷访问法：网页问卷访问法是指将设计好的问卷放在网站的某个网页上，调查对象通过网络填写问卷，以完成调查的一种方法。

（2）电子邮件访问法：电子邮件访问法是指通过电子邮件的形式将调查问卷发给调查对象，由他们填写后以电子邮件的形式反馈给调查人员的方法。

（3）弹出式访问法：弹出式访问法是指在网民访问网站的过程中，由网站自动弹出一个窗口，请网民参与访问的方法。

（4）网上讨论法：利用网络平台、视频会议等通信工具发起相关讨论，让网民发表言论以完成调查的方法。

访问法包括很多种具体形式，每一种都有其优点和缺点，调查人员必须综合考虑调查目的和调查机构的各种主客观条件，权衡利弊，选择最恰当的调查方法。不同调查法的比较如表 5-1 所示。

表 5–1　各种访问方法的优缺点比较

项目	入户访问	街头拦截访问	电话访问	网络访问
数据收集速度	快	快	很快	很快
地域灵活性	中	中	高	很高
回答率	高	高	中	低
问题的多样性	高	高	低	中—高
问卷长度	长	长	中等	中等
误解题目的可能性	低	低	中	高
调查员的影响程度	高	高	中	无
回访难易程度	难	难	易	较难
成本	高	高	中等偏低	低

通过表 5-1 可以看出，若需要尽快搜集相关的一手资料，可采用电话访问法或网络访问法；若调查时需要灵活改变题目并对答题质量有较高要求，可采用入户访问法或街头拦访法；若希望调查的地域范围更广泛，可采用网络访问法等。当然，上述访问方法也可以综合使用，以一种方法为主，并辅以其他访问方法，扬长避短，以取得更好的效果。

3. 观察法

观察法是指市场调研人员通过监控录像、照片、声音等材料调查并记录观察到的行为和情况，以进行市场调查的方法。

5.1.3 市场调研分析

市场调研分析是对调研内容进行分析，具体包括以下几个方面：

1. 市场需求分析

市场需求分析主要包括购买力分析、商品需求结构分析、消费人口结构分析，消费者购买动机分析、消费者购买行为分析。具体分析的内容见表 5-2。

表 5–2 市场需求分析

分析的几个方面	具体分析内容
购买力分析	消费者的个人收入水平和家庭平均收入水平
	各类消费支出额占消费支出总额的百分比
	消费者储蓄和信贷情况的变化
消费需求结构分析	属于日常消费需求还是住宅等资产消费需求
	属于生产资料需求还是消费资料需求
	属于满足高收入人群还是低收入人群
消费人口结构分析	现有消费者和潜在消费者的数量及地区分布情况
	消费者的基本信息，如年龄、性别、民族等
消费者购买行为分析	消费者对产品的品牌、性能、质量、款式和规格等的要求
	消费者选购产品的时间
	消费者选购产品的地点
	消费者选购产品的形式
	购买人是谁

2. 产品分析

通过对产品进行分析，主要弄清楚以下几个问题：

（1）在市场上有无同类产品？

（2）与市场上同类产品相比，该产品的特色是什么？

（3）该产品的市场容量有多大？

（4）与同类产品相比，该产品的价格有无优势？

（5）市场对该产品的需求是否有可持续性？

（6）该产品的市场准入门槛是高，还是低？是否容易被其他产品替代？

3. 销售渠道分析

销售渠道是指某种产品从生产者向消费者转移过程中所经过的通道或路径。对其进行调查分析主要是为了解决如下问题：

（1）分析产品的销售渠道有哪些，以及产品销售能否满足市场需求。

（2）分析同类产品的销售单位有多少家，并分析他们的产品在市场中所占的比例。

（3）分析销售产品时有什么附加条件。

（4）分析产品的竞争情况以及是否有折扣。

4. 竞争对手分析

通过调查竞争对手的情况，了解其优势和劣势，以制定企业的竞争策略。一般来说，调查分析的内容主要包括以下几个方面：

（1）在一个地区或全国有哪些同类型的企业，其企业实力怎么样？企业实力是指企业满足市场需求的能力，包括技术能力、生产能力和销售能力等。在这些企业当中，主要的竞争者是谁，主要的潜在竞争对手是谁？

（2）竞争者该产品的市场占有率能否影响企业的发展和经济效益？市场占有率是指本企业的某产品在市场销售的同类产品中所占的比例，其反映企业的经营成果和竞争能力。

（3）核心竞争者是否对市场销售制定了新发展计划和策略？这些计划和策略能否对企业经营产生激励作用？

5. 社会环境分析

（1）政治环境：了解政府是否针对各个地区的经济发展出台了相关的优惠政策或扶持政策。

（2）经济环境：分析当地的经济发展水平，主要包括能源和市场经济发展速度等。

（3）法律环境：了解国家或地方政府颁布的各项法律、法规，在经营中应严格遵守这些法律和法规。

（4）文化环境：该地存在的风俗习惯、民族信仰等，是否会影响产品销售。

（5）地理环境：产品销售地点选取是否有交通便利的优势。

典型案例：单身T恤

小杨是某经济管理学院学生，他精力充沛课余时间找了多份兼职，卖过微波炉，做过手机销售等。尽管学习和生活被排得满满的，但他的脑海中还是产生了创立“单身派”服装品牌的想法。

有了创意，小杨立刻行动起来。他调查发现，自己班级里男生、女生比例约是3∶1，全市30岁时未婚的男性占大多数。这些数据让小杨决定，他要率先占领这个空白市场。

由于考虑到制作成本，小杨选择制作简单、成本较低的T恤作为“单身派”主打产品。为了解消费者心理，他编写了包含“你愿意穿单身主题的T恤吗?”“你喜欢以张扬，还是含蓄方式表明自己的单身身份?”等 12 个问题的调查问卷，在校园里做了一次市场调查。经过调查，小杨惊喜地发现，有 80% 的被调查者愿意购买这种 T 恤。于是，小杨找来几个常做兼职、有些经济实力的伙伴，集资了几千元钱，然后联系附近一家小工厂生产了 500 件 T 恤。T 恤衫正面用黑色草书书写了四个字“天涯光棍”，象征自由的单身生活，背面印有表示单身含义的英文单词“single”，“单身 T 恤”就这样诞生了。

“单身 T 恤”最初的销售策略采取“两条腿走路”的方式：校园上门推销为主，周边小店寄售为辅。“我们从 50 多所高校中选出十余所人气较旺的学校，每人负责两所及校园周边的小店进行推销。”小杨回忆说，“没想到这次试水一炮打响，大家都觉得挺新鲜，每件 25 元的价格也很划算，不少学生一买好几件，送给朋友穿。”首批 500 件“单身 T 恤”上市两周，全部售完。初战胜利的小杨看到了“单身”主题的生命力，马上到当地工商部门注册了“单身派”商标，准备推出系列产品。

为了不让消费者对“单身 T 恤”失去新鲜感，小杨将“单身 T 恤”分为“白领单身”“蓝领单身”等。有了产品细分，接下来的工作就是设计，小杨请来了服装系的学生为他操刀，并把他们设计出来的样稿挂在学校网站里，让同学们选择。最后，他将人气最旺的设计款式拿去生产。

经过层层把关，“单身 T 恤”越卖越火，小工厂逐渐负担不了生产任务，于是，小杨找到广东一家较大规模的制衣厂生产，每单订单都要上千件。同时，他利用网络寻找代理商，每个代理商负责一个区域的销售。此后，半年的时间，小杨共卖出“单身 T 恤”2 万多件，销售额达到 40 多万元。

目前，他的“单身派”创业团队已进入大学生创业园。小杨开心地说：“我们搭上了创业顺风车，创业园提供给我们一年的免费使用期，场地、设备等费用全部免单。”

【案例分析】

有心之人能在生活中找到创业灵感。小杨萌生了创业想法后进行了充分的市场调研，通过分析最终确认了该想法的可行性，最终获得了创业成功。

探索活动：市场需求调研活动

活动目的

掌握市场调研方法，培养市场需求分析能力。

活动背景

小王是电子商务专业学生，她的好朋友小萌即将过生日，她想送给小萌一份特别的礼物。她来到学校附近的礼品店，里面的商品琳琅满目，但都是流水线产品，无法表达自己的心意。小王希望礼品店里出售具有个性与独特意义的礼品，这样人们就能在送礼物的同时把自己的心意传达出去。

活动内容

假设你要开办一个礼品店，针对那些有个性需求的消费者，你会如何经营？你的想法是否符合市场需要？请你对本校男生、女生的需求情况进行调查，了解他们在产品需求和消费动机等方面的差异。然后，根据调查结果分析开办礼品店的可行性。

具体操作步骤如下：

第一步：教师对学生进行分组，4 ～ 5 人为一组，选出一个小组负责人，明确成员分工和具体责任。

第二步：小组成员就上述背景资料进行分析讨论，提出一个调研方案。

第三步：进行需求调研。调研步骤见表 5-3。

表 5–3　调研步骤分解表

步骤	具体内容
第一阶段：产品设计	具体调研的内容和目标
	选择调研的方法
	设计调研问卷（通过网络查阅相关资料，然后进行设计）
	制订抽样计划
第二阶段：实施调研	选择时间、地点并组织人员进行调研
	控制好调研的时间和质量
第三阶段：数据整理分析	对访问的数据进行处理
	对访问的数据进行分析
第四阶段：撰写报告	书面报告的撰写（每组出一份报告）

提示：学生可根据表5-4中的内容设计调查问卷。

表 5–4　需求调研分析表

分析的几个方面	具体分析内容
购买力分析	消费者的个人收入水平
	消费者的礼品支出额占消费支出总额的百分比
	消费者愿意在创意礼品上支付的金额
商品需求结构分析	创意礼品需求和传统礼品需求的比例
	消费者更喜欢的创意礼品种类
消费人口结构分析	消费者的年龄、性别、职业、民族、文化程度和爱好
	不同年龄阶层的消费者对创意产品的需求有无不同
消费者购买行为分析	消费者对产品的质量、款式、品牌、性能和规格的需求
	消费者购买的时间
	消费者购买的地点
	消费者购买的方式
	谁负责购买

第四步：学生撰写调研报告，并制作成 PPT，小组负责人上台进行成果展示，教师进行点评。

活动检测

训练结束后，教师根据表 5-5 所示的评分标准对学生进行评分。

表 5–5　探索活动评分标准

评价项目	评分标准	满分	实际得分	备注
准备工作	积极参与讨论	10 分		
	调研项目具有创意	10 分		
市场调研	分工明确、合理	10 分		
	设计的调查问卷涵盖了需求分析的各项内容	15 分		
	按要求完成调研工作	15 分		
成果展示	调研报告结构完整、条理清晰	15 分		
	PPT 制作精美	10 分		
	讲解者表达流利、见解独到	15 分		
总分		100 分		

能力训练

以小组为单位，从下列题目中任选一个，收集相关的二手资料，并设计互联网调查的方案和问卷，对收集的数据进行分析。

（1）在校学生网络游戏消费调查。

（2）在校学生网络学习情况调查。

（3）在校学生网络购物调查。

评分标准：

（1）调查方案详细具体（30 分）。

（2）问卷结构完整、问题覆盖全面（30 分）。

（3）分析准确合理（40 分）。

拓展延伸

通过市场调研、查阅资料等方式搜集 2 ～ 4 个创业项目，从市场需求、产品分析、销售渠道、竞争对手、社会环境等方面进行初步调研和分析，寻找适合自己的创业项目。

5.2 重视创业风险

创业问题

创业有风险，但也有规避和防范风险的方法。风险规避和防范的第一步就是正确、全面地识别可能面临的各种潜在风险。

在进行下面的学习之前，请同学们先思考以下问题：

（1）创业有哪些风险？

（2）怎样识别创业风险？

（3）怎样预防创业风险？

5.2.1 创业风险的概念

创业风险是指创业中的各种不确定性。创业者在创业过程中，因为市场环境不稳定，与创业活动有关的因素充满不确定性，加上创业者的经济实力有限，常使创业结果偏离创业的初期目标。

5.2.2 创业风险的来源

1. 资金方面存在的风险

资金风险是指创业者或创业企业在资金方面存在的风险。对创业需要的资金估计不充分，筹措创业资金不及时，企业的资金管理不当形成资金周转不便，导致预期收益降低，形成一定的资金风险。一旦资金不足，企业日常运营就会非常困难，甚至会出现破产的风险。

2. 竞争风险

创办企业要随时考虑如何面对竞争的问题。市场如战场，一旦创业者在激烈的商场大潮中不能站住脚，就有被其他企业吃掉或者合并的风险。所以有必要为创业的竞争风险做好准备。

3. 技能风险

技能风险就是在创业中应用的技术因市场的变化而变得落后或者失败，技术不成熟、前景不明了，会给创业带来一定的风险。

4. 市场风险

市场风险就是指由于市场情况的不确定性，会给创业人或企业带来损失的可能性。市场风险可分为资金市场风险和产品市场风险两大类。需求与市场供给的变化、市场接受时间的不确定性、市场价格的不确定性以及市场规划失误等原因都会给创业活动带来一定的市场风险。

5. 团队风险

企业员工的素养和技术能力不均衡、人员离职等情况都会给团队带来风险，影响创业。比如公司经理和员工有矛盾，就很可能影响团队的建设和发展。

5.2.3 创业风险的管理

1. 风险识别

风险识别是指在风险事件发生之前，风险管理人员在搜集资料和调查研究的基础上，运用各种方法对未发生的潜在风险进行全面识别，以查明不确定性因素和风险来源，预估各种风险事件的可能后果，以及哪些因素会带来威胁、哪些因素能带来机会，为风险管理做好准备。

2. 风险评估

风险评估是指对风险给创业工作造成的影响和损失进行预判。在这一阶段，可按照相关风险发生的概率对风险进行分类，评估出大概率风险、一般风险和小概率风险，同时对风险事件带来的损失规模进行分析，从而使风险分析科学化。把风险事件的发生概率、造成损失的程度与其他综合因素结合起来考虑，确定风险发生的可能性及危害程度，通过比较管理风险所支付的费用，决定是否需要采取风险控制措施及控制措施采取到什么程度，从而为管理者进行风险决策提供可靠的依据。

3. 风险防范

评估风险后，创业者若认为某类风险会给企业带来较大的损失，就会针对该类风险采取相应的防范措施

（1）财务风险的防范。

防范财务风险主要应对措施如下：

① 创业者要合理预估所需的创业资金，筹资不足，难免影响企业的健康发展和项目的持续推进。

② 创业者要学会建立企业信用，提高获得资金的概率。

③ 创业者要学会在企业的长远发展和目前利益之间进行权衡，设置合理的财务结构，利用恰当渠道获得更多的资金。

④ 创业者要合理管理企业的现金流，避免出现现金断流而造成财务资金拮据甚至企业破产清算的现象。

（2）竞争风险的防范。

① 防范竞争风险需要做到以下两点：

回归产品本身，产品或服务才是创业者的护城河。

② 关注竞争对手和用户需求，找到竞争对手的弱点，同时为用户提供独一无二的产品。

（3）技术风险的防范。

防范技术风险需要做到以下几点：

① 增强对创新方案的验证，不要盲目执行新方案，要建立灵敏的信息预警系统，及时预防技术风险的发生。

② 组建技术联合开发体，建立创新联盟，减少技术风险发生的可能性。

③ 重视专利申请和技术保密，减少企业损失。

（4）市场风险的防范。

防范市场风险需要做到以下几点：

① 把消费者的需求作为创业的起点。

② 理性面对市场变化，准确把握市场机遇。

③ 及时分析市场发展趋势，做出有效的防范市场风险的方案。

④ 知己知彼，了解竞争对手的思路和发展趋势。

⑤ 节约成本，反对铺张浪费。

⑥ 利用各种渠道方式建立好人际关系，并做到诚信经营。

（5）团队风险的防范。

预防团队风险方面需要做到以下几点：

① 谨慎选择创业团队成员。

② 形成团队的共同价值观和愿景，让所有团队成员对“创业使命”“共同目标”等关键命题达成共识，并用这些共识去指导整个团队和每个成员的行为。

③ 制定团队规范和团队纪律，用严格的规范和纪律来约束团队的成员。

典型案例：小徐的店长梦

小徐已经在一家店里当了6年的店员。她经过多年的努力工作和省吃俭用积蓄了一笔资金，但她最大的梦想是做店长。她认为，个人创业必须有丰富的工作经验。所以在以往的工作中，她总是抢着干分内分外的事，从不计报酬。特别是有关经营方面的事，她更是用心记在小本子上，目的就是多学点本事，积累一些经验，为自己开公司做准备。另外，她认为个人创业必须有一个好的项目。于是她就做了一个大胆的决定，用自己积蓄金额中的20万元做了注册资金，另外8万元用于流动资金，选择了一个当时的朝阳项目——房地产租赁咨询。经过将近几个月的筹备，她办齐了所有手续，门店终于开张了。但她怎么也没想到，起初的3个月几乎没有生意，直到第6个月才有好转，可是生意很不稳定，一年下来，她赔了4万余元。她开始动摇了，感觉自己是在靠天吃饭，靠运气经营。她认为做生意不应该是这样的，一定是哪儿搞错了。她不想再这样干下去了，她认为不能等到这近30万元都赔光的时候才行动。她要去弄明白问题到底出在哪里。再三思考后她关掉了自己的咨询公司。

【案例分析】

小徐的店长梦破灭原因很复杂，首先一条重要原因就在于她没有一个完整的创业计划。小企业抗风险能力低，不考虑成熟，一厢情愿，自然危机重重。其次是没有考虑到创业风险。在市场经济体制下，任何一单生意、任何一项经济活动都有风险，都会有成功的希望和失败的可能。其成败取决于创业者的事先判断、谨慎周到的运营、灵活应变的决断。在公平、公正的市场法则下，不论结果如何，都要由责任人来承担，这是市场经济所要求的。

探索活动：加盟户外运动品牌的风险探索

活动目的

培养风险评估和防范能力，能针对企业存在的风险找出有效的应对方法。

活动内容

近年来，户外运动发展迅猛，户外运动品牌专营店也蓬勃发展起来。选择一个你喜欢的户外运动品牌，设想一下，如果通过加盟该品牌的方式进行创业，需要注意哪些风险？应采取哪些防范措施？（主要对加盟前、加盟过程中和加盟后的风险进行评估）

具体操作步骤如下：

第一步：教师对学生进行分组，3 ～ 5 人为一组，选出一个小组负责人。

第二步：小组成员就上述资料中提出的问题进行讨论，撰写一份约 600 字的分析报告。

第三步：小组负责人上台汇报讨论的结果。

活动检测

活动结束后，教师可根据表 5-6 进行评分。

表 5–6　探索活动评价表

评分标准	满分	实际得分	备注
能识别出不同阶段的风险	25 分		
能针对各种风险提出应对措施	25 分		
风险识别准确，措施合理有效	25 分		
能积极参与讨论、发表见解	25 分		
总计	100 分		

能力训练

假设你和合伙人一起创办了一家咨询公司。在经营过程中，你们两人在管理和营销决策方面经常出现分歧，但都觉得自己的想法是对的。由于两人意见经常不一致，矛盾越来越尖锐，合伙人经常不来公司，独自在外承揽项目，且资金不经过本公司的台账。请根据上述问题找出解决方案（至少 2 个），填写表 5-7，并对每个方案进行分析。

表 5–7　探究活动评价表

解决方案	优势	劣势	是否可行

评分标准：方案越多，越具有可行性，得分越高。

拓展延伸

以小组为单位，选择一位创业者进行访谈，了解他在创业和企业经营过程中遇到的风险，以及他是如何规避和化解这些风险的（在采访前，一定要做好充分的准备，提前了解受访的创业者；在访问过程中，注意所提的问题一定要有针对性）。

5.3 编写《创业计划书》

创业问题

对于许多创业者来讲，《创业计划书》是创业程序日益规范化的结果，是投资公司进行项目审批的正式文件之一，拟定《创业计划书》是创业者的“必修课程”。请同学们思考以下两个问题：

（1）《创业计划书》具体包括哪几部分内容？

（2）如何才能撰写出一份高质量的《创业计划书》？

5.3.1 《创业计划书》的概念

《创业计划书》是创业者于创业项目启动前，在对该项目进行调研、分析所取得的成果的基础上编写的书面创业计划，是对创业项目进行全面说明的计划性文件。

撰写《创业计划书》的主要目的是方便创业者将企业创业计划报告给潜在投资人，以获得更多的资金支持。

5.3.2 《创业计划书》的基本结构

一份完整的《创业计划书》由封面、目录、正文和附录四部分组成。

1. 封面

封面的设计要美观大方，能给潜在投资人留下一个好印象。

2. 目录

即《创业计划书》正文部分的目录，方便精确查找相关内容。

3. 正文

《创业计划书》的正文主要由摘要、主体和结论三部分构成。

4. 附录

附录就是对主体部分的说明，提供相关的依据支撑。

5.3.3 《创业计划书》编写六要素

第一个是定义。撰写《创业计划书》时，首先要让别人知道企业经营的是什么。

第二个是顾客。确定经营项目以后，接下来要考虑谁是目标客户，即要明确客户的范围。例如，假定目标客户为女性，那 50 岁以上和 5 岁以下的女性是否都是目标客户？这一点需要界定清楚，即要明确适合的年龄层。

第三个是竞争者。该项目有没有其他人经营过？如果有人经营过，现在的经营状况如何？有没有其他的项目可以代替？与竞争者的关系是什么？

第四个是能力。自己是否了解要经营的项目？例如开饺子馆，如果厨师不在了，自己能否包饺子？若没有这个能力，至少合伙人要会，不然最好不要开饺子馆。

第五个是资本。要清楚地知道有多少现金或者资产，并且明白这些资本的来龙去脉，借贷明细。

第六个是可持续性。即制订计划和策略要有可持续发展的概念。

5.3.4 《创业计划书》具体内容的撰写

1. 封面设计

封面是创业计划书的脸面。有人认为别人看不懂的一定是独特的，其实这是错误的认知。封面一般应以简约、明确为主。封面既要突出创业项目，又需具有一定的审美性和艺术性，能使阅读者眼前一亮，形成良好的第一印象。

2. 企业介绍

目的是让投资方了解本企业。所以要重点表述合作亮点和合作利益，企业发展创新事项和发展新动态，吸引投资方力求达成共识。

3. 市场分析

该部分在整个《创业计划书》中起着举足轻重的作用，主要包括市场需求分析、产品分析、竞争对手分析等内容，在《创业计划书》中要详细讲解这部分内容。

4. 市场预测

首先利用科学方式对市场发展进行调研和分析，把握市场的变化需求趋势和事态优劣，在创业过程中及时预判对企业发展不利的因素，正确引导企业向前发展。

5. 营销策略

利用一切渠道方法、团队建设、广告设计、销售计划、价格商议等相应的策略进行企业营销活动。对处于不同发展阶段的企业来说，其营销策略都是不同的，但目的都是推动企业的快速发展。

6. 生产计划说明

就是创业者向投资人介绍说明产品生产的重要流程，如产品使用性质、产品计划、运用方式、组织规模、资金状况等。

7. 财务规划

财务规划一般要包含未来财务整体规划。财务规划是建立在生产计划和营销计划基础之上的。严格来说，《创业计划书》中的前述内容都可作为企业制定未来财务规划的依据。有理有据，有适当的假设，是做好财务规划的前提。

8. 风险分析

创业都有一定的风险性，所有不确定因素都可称为风险，比如资金风险、市场风险、管理风险等。这些都要对企业进行多方面的研究和分析后来正确解决要出现的问题和困难。

9. 人员及组织结构说明

企业团队建设是企业经营管理好坏的关键。员工素质高、技术能力强、工作专业等是企业良性发展的重要保障，投资者会特别注重对企业管理人员及组织结构的评估。

创业者的责任是对各种市场问题和困难能够正确分析，并有解决它们的能力，在《创业计划书》中有具体可行的方案和策略。风险并不可怕，可怕的是没有应对风险的能力与对策。主动识别和讨论风险会极大地提高企业的信誉，使投资者更有信心。

典型案例：《创业计划书》的重要性

王先生经过多年研究，在利用太阳能领域中取得了创新，如果能够顺利应用的话，前景将一片光明。于是，王先生辞掉了原来的工作，准备创业。注册公司后，所有资金

全部用尽，他已经无力再招聘员工、准备实验材料了。于是他想到了风险投资，希望通过引入合作伙伴来解决资金困难。为此，他多次与一些风险投资机构或个人投资者洽谈。虽然王先生反复强调他的技术多么先进、应用前景多么光明，并保证投资他的公司将会获得很大的回报，但总是难以让对方相信。对于投资人询问的重要数据，如市场需求量具体是多少、一年可以有多高的回报率等，他也没有办法提供明确的答复。

直到后来，一位做咨询管理的朋友提醒王先生，由于他的技术很少有人懂，而且没有《创业计划书》，所以没有人相信他。于是，在向相关专家咨询并查阅大量资料后，王先生就开始制定经营策略，并撰写《创业计划书》，对创业的各项内容，如制定目标、对接技术、产品更新、财务报表、投放资金等逐一进行分析。在这个过程中，他还经常通过市场调查来获取资料，一个多月后他拿出了一份《创业计划书》初稿，在经过几位专家的指点后，他又对《创业计划书》进行了完善。凭着这份《创业计划书》，他很快与一家风险投资公司达成了投资协议，获得了资金支持，员工招聘等问题也迎刃而解。

如今，他的公司已经经营得红红火火。谈到经验，他说《创业计划书》不仅仅是一篇文章，其撰写的过程不仅是整理自己创业思路的过程，还是整理企业各项数据的过程。

【案例分析】

王先生拥有技术，其创业优势非常明显，但是，当他希望获得他人的投资时，却由于没有一份像样的《创业计划书》，无法让投资者了解其创业的计划和发展趋势，投者者不认可他。《创业计划书》是融资最起码的条件。所以，创业者应重视《创业计划书》的撰写。

探索活动：编写《创业计划书》

活动目的

培养学生撰写《创业计划书》的能力。

活动内容

制定创业项目，并撰写《创业计划书》。具体活动流程如下：

（1）将全班学生分成若干小组，每组 4 ～ 6 人，设组长一名。

（2）以小组为单位，寻找与自己所学专业相关的创业项目，或者从自己生活的环境中寻找创业项目。通过小组讨论，确定创业项目。

（3）从网上查找几篇优秀的《创业计划书》作为参考。

（4）各小组成员讨论《创业计划书》的基本结构与目录，组长负责最后敲定。

（5）组长对小组成员工作进行分工，确定每个成员撰写《创业计划书》的哪些部分。

最后由组长进行统稿并修改。

(6)《创业计划书》完成后，小组之间可以交换阅读，指出对方的优点及不足之处，相互学习，相互促进。

创业计划书

第一页：封面，主要包括公司名称、创业人、填表日期、联系方式等。

第二页：目录，列出正文中的大标题。

第三页：正文。

一、企业概况及主要经营范围：______

______

______

企业类型（在下面表格中勾选一项）

制造业	零售业	批发业	服务业	养殖业	种植业	传统产业	其他

二、创业者的基本情况

创业者的相关经历：______

______

______

______

创业者的教育背景：______

______

______

______

三、市场调研

服务对象简单描述：______

______

______

______

简要陈述企业市场占有率：______

______

______

______

市场发展趋势：______

______

______

______

本企业的竞争优势：________________

____

____

____

本企业的竞争劣势：________________

____

____

____

四、企业组织架构

1. 企业的架构形式（选择一项）

A. 个体户　　B. 有限公司

C. 个人企业　　D. 合伙企业

2. 企业名称：________________

____

____

3. 企业的成员构成（包括成员工作职责）

职务	月薪
业主或经理	
员工 A	
员工 B	

4. 企业将获得的营业执照、许可证

类型	预计费用

5. 合伙人与协议

项目	合伙人 1	合伙人 2	合伙人 3
出资方式			
出资数额与期限			
利润分配和亏损分摊			
经营分工、权限和责任			
协议变更和终止			
合伙人个人负债的责任			
其他条款			

五、市场营销计划

1. 产品

产品或服务	主要特征

2. 价格

产品或服务	成本价	销售价	竞争对手的价格

3. 经营或生产地点

（1）选址细节：

地址	面积（m^2）	租金或建筑成本

（2）选择该地址的主要原因：________________

____

____

____

4. 销售对象（选择一项）

A. 最终消费者（　　）　　B. 零售商（　　）　　C. 批发商（　　）

5. 销售方式以及选择该销售方式的原因：________________

____

____

____

6. 促销方式

促销项目		成本预测	
人员推销		成本预测	
广告投放		成本预测	
公共关系		成本预测	
营业推广		成本预测	

六、固定资产投入

1. 工具和设备投入

名称	数量	单价	合计（元）
总费用			

2. 固定资产折旧费

名称	价值	使用年限	年折旧费（元）

七、流动资金（月）

1. 原料和包装费用

类型	数目	单价	合计（元）
总费用			

2. 其他费用（不包括折旧费用、贷款、利息）

名称	费用（元）	备注
业主工资		
员工工资		
租金		
营销费用		
维修费用		
保险费用		
登记注册费		
其他费用		
总费用		

八、销售收入预测（12 个月，生产型企业）

	销售产品或服务	1 月	2 月	……	12 月	合计
产品 1	销售数量					
	平均单价					
	月度销售额					
产品 2	销售数量					
	平均单价					
	月度销售额					
产品 3	销售数量					
	平均单价					
	月度销售额					
合计	销售总量					
	销售总收入					

九、销售和成本计划

	项目	1 月	2 月	……	12 月	合计
销售	销售收入（含税）					
	增值税					
	销售净收入					
成本及费用	原材料					
	其中：原材料 1					
	原材料 2					
	工资及附加					
	其中：生产人员工资					
	生产人员保险					
	制造费用					
	其中：维修费用					
	折旧费用					
	销售费用					
	管理费用					
	其中：管理人员工资					

续表

	项目	1 月	2 月	……	12 月	合计
成本及费用	管理人员保险					
	财务费用					
	资产减值损失					
	投资收益					
	总成本费用					
税费	营业利润总额					
	企业所得税					
	营业税金及附加					
	其他					
	净收入利润（税后）					

十、现金流量计划

	项目	1 月	2 月	……	12 月	合计
	期初现金及现金等价物余额					
现金流入	销售商品、提供劳务收到的现金					
	收到的税费返还					
	收到的其他与经营活动有关的现金					
	吸收投资收到的现金					
	取得借款收到的现金					
	现金流入总额					
	可支配现金					
现金流出	购买商品、接受劳务支付的现金					
	支付给职工以及为职工支付的现金					
	支付的各项税费					
	支付的其他与经营活动有关的现金					

续表

	项目	1月	2月	……	12月	合计
现金流出	偿还债务支付的现金					
	分配利润或偿付利息所支付的现金					
	现金流出总额					
	期末现金及现金等价物余额					

活动检测

活动结束后，教师可根据表 5-8 进行评分，并评选出表现最优秀的一组。

表 5–8　探索活动评价表

评分标准	满分	实际得分	备注
所选创业项目具有典型性与可行性	20 分		
所撰写的创业计划书具有可参考性	20 分		
小组成员分工合理、明确	20 分		
编写过程中能团结协作	20 分		
计划书终稿结构完整、内容丰富、条理清晰	20 分		
总分	100 分		

能力训练

1. 根据创业计划书的撰写技巧，首先对在探索活动中撰写的创业计划书进行检查和修改，以加深对创业计划书撰写要求的理解；然后以小组为单位，讨论如何展示本小组的创业计划，分工完成 PPT 的制作，并以小组为单位，在课堂上展示创业计划书。

2. 参照一些有名的商务网站，如淘宝、天猫、京东等电子商务平台，进行创业演练。目的是使学生在实际运作当中取得相关经验，提升学生的动手能力和操作水平。具体实施步骤如下：

（1）选择项目。进行前期调研、风险分析，确定合适的创业项目。

（2）在教师指导下，选择电子商务平台，申请注册并开通店铺。

（3）进行确定货源、联系卖家、经营开店等工作。

(4) 根据店铺运营情况，与客户进行交流，制订推广和合作等的计划。

(5) 撰写实践总结。内容包括经营成果、出现的问题、实践心得及体会。

拓展延伸

将自己所写的创业计划书拿给老师、朋友或专家看，认真倾听他们的意见和建议。

本章总结

本章主要讲述了以下几个方面的内容：

- 市场调研的内容、方法，其中市场调研的主要方法有三种，分别是文案法、访问法和观察法。进行市场调研分析时，应从市场需求、产品、销售渠道、竞争对手和社会环境等五个方面着手。
- 创业风险的概念、五个来源以及如何进行风险管理的相关知识。
- 创业计划书的概念、基本结构、编写六要素，以及具体如何撰写创业计划书。

第6章

整合创业资源

本章目标

❑ 熟悉创业资源的概念、类型，以及整合创业资源的步骤

❑ 理解团队建设在创业过程中起到的关键作用，熟悉组建创业团队的要点和流程

❑ 了解创业会遇到的资金问题，能够根据实际情况估算创业所需资金，并选择合适的融资渠道

自我思考

创业资源无处不在，而如何获取资源是创业成功的关键。创业者自身是创业最基本的内在资源，对自身资源要进行充分的挖掘；外部资源也是创业成功的关键资源，外部资源需要用更巧妙的方式去获取。请同学们思考以下问题：

（1）创业需要哪些内部资源和外部资源？

（2）如果企业不具备某类创业资源，该如何去获取？

（3）团队是非常重要的创业资源。那么，创业者该如何做才能组建优秀的创业团队？

开篇故事：尤伯罗斯的资源整合

暑假期间，尤伯罗斯回到了自己在伊利诺伊州的家。他的父亲正在建造房子，由于资金估计不足，房子刚建了一半就停工了。“等攒够了钱再继续施工。”尤伯罗斯的父亲沮丧地说。尤伯罗斯仔细打量了房子一番后说：“虽然我们自己没钱了，但可以用别人的钱来盖这栋房子。”“你是说去借？不行，能借的在之前都借过了。”他的父亲很无奈地说。“不用去借。”尤伯罗斯说完后，跑到镇上的影楼里请来一位摄影师给没盖好的房子拍了两张照片。然后他拿着这些照片到城里，对那些商业主说：“这幢房子是一个非常好的广告位置，我准备用来出租！”

因为房子地处交通繁忙的十字路口旁，商业主们都认为这里是做广告的理想场所，特别是房子的房顶和墙壁，尤其适于做广告宣传。于是商业主们都出高价竞争这个广告位。三天后，有两家企业以高价拿到了他家房顶和墙壁的使用权，用来做广告宣传。每年一万美元的租金，不仅让他家的房子得以顺利完工，而且也给他家带来一笔稳定收入。

随着市场经济的快速发展，人们越来越热衷于旅游。尤伯罗斯毕业后，就想自己创办旅游公司，但因缺少足够的资金，无法配备车辆和游艇。他深思熟虑后，终于想到一个点子。他在报纸上发布广告，准备把他租赁的汽车和游艇的外壳及座位套，都对外出租用于给商品打广告。这个点子极具创新性，一经发布便有许多商家竞争租赁，最后有五家企业得到了广告使用权。而就是这笔广告费让尤伯罗斯成功地创办了自己的公司。因为经营精心，公司的旅游业务不断扩大。几年之后，尤伯罗斯的旅游公司发展成为北美第二大旅游公司。

尤伯罗斯能用别人的钱盖自家的房子、经营自己的公司，关键在于他能发现和利用自己所拥有的资源，其成功之处在于他不仅有“勇”，而且有“谋”——即资源整合意识。当今，许多创业者总是认为自己的资源没资金、筹资难，那为何不拓展思维，学习尤伯罗斯的方法，利用别人的资金盖自家的房子，解决自己公司的经营难题呢？

6.1 创业资源

创业问题

创业资源就是企业创立和成长过程中，所需要的各种生产经营的支撑条件和要素，也是创业企业在创造生产价值过程中所需要的特定资产。

就创业者来说，只要是对其创业项目和企业发展有所帮助的要素，都可以归入创业资源的范畴。创业者既要积累个人资源，也要善于创造性地整合社会资源，以创造有利于企业发展的良好条件。在进行下面的学习之前，请同学们思考以下问题：

（1）创业资源包括哪些内容？

（2）怎样合理有效地整合人力、技术等资源？

6.1.2 创业资源的类型

按照创业性质，创业资源可分为人力资源、物质资源、财务资源、技术资源和组织资源。

1. 人力资源

人力资源不但包括创业者及创业团队的知识、经验和技能等，还包含创业团队成员的专业判断力、智慧、视野和人际关系网络。创业企业最重要的人力资源是创业者，这是创业企业的基石，因为创业者能够接触到大量的外部资源，拥有良好的人际和社会关系网络。企业之间的竞争主要是人才竞争，尤其是对高素质人才的争夺。

2. 物质资源

物质资源是创业企业所需要的有形资源，如厂房、机器设备、生产资料和办公用品等。有时一些自然河流、矿山、森林等也会成为创业企业的物质资源。

3. 财务资源

财务资源主要指资金资源，通常就是创业者向权益投资者和债权人筹集的资金。一般来说，创业初期及时筹集到足够的资金，是创办企业和顺利经营的前提条件。

4. 技术资源

技术资源主要包含核心技术、操作系统、制造工艺、专用设施设备等。技术资源经常与物质资源相互结合，专利等部分技术资源也会形成无形资产。技术资源都受法律的保护。

5. 组织资源

组织资源是一种能够区别于竞争对手的无形资源，一般指企业的管理系统架构，主要包括作业流程、工作规范、组织结构、信息交流、决策模块、质量模块、计划活动等。组织资源有时表现为个人的能力和技能。

6.1.3 创业资源的整合

创业资源的整合是创业企业对不同层次、不同架构、不同来源、不同内容的资源进行选择、搭配、激活和有机融合的过程，使资源具有更强的系统性、条理性和价值性，这是一个比较复杂的过程，其中还包含对原有的资源体系进行重建，丢弃无价值的资源，以创建新的核心资源体系等内容。创业资源的整合过程可以分为以下四个步骤。

1. 资源扫描

创业者要先将已有资源识别出来，包括己方所有有价值的有形资产和无形资产，如人才、技术、设备、品牌等，找到自己资源的优势和劣势，同时认清哪些属于战略性资源，哪些属于一般性资源，还要确定资源的数量、质量、使用时间及使用顺序等。

在扫描自身已有资源的同时，也要对外部环境进行扫描，以及时发现创业企业所需资源，确定自身所缺的创业资源可以从哪些渠道获得，以及谁拥有这些重要资源，并对获得各种资源的难易程度进行排序，进而寻找利益交集，对资源所有者的利益需求进行深度分析，并与自己所拥有的资源进行对比。实现这些，需要创业者具备一定的行业知识和一定的社会关系。

2. 资源控制

资源控制的范围包括创业者自身拥有的资源、可通过交易等形式获得的资源以及通过社会网络等形式可以控制的资源。在特定的行业，创业团队中成员的社会网络资源和技术对于企业的成功至关重要。在获取资源的过程中，需要判断这种资源对实现企业的目标是否起关键作用，并且创造性地设计出双赢的合作方案，形成长期互利关系。

3. 资源利用

资源利用即在获取和控制大量资源的基础上，对这些资源进行配置和利用，将其合理有效地配置到最能发挥其使用效益的地方，这一过程体现了资源的价值。想要对各种类型的资源进行细化、配置和激活，使之发挥最大使用价值、产生最佳效益，就必须将有价值的资源有机地融合起来，让其相互配合、互相增强。

创业者通过协调，将资源进行整合和转化，使资源的联系更加紧密、更加具有匹配性，形成“1+1 ＞ 2”的局面，并为下一步拓展奠定基础。

4. 资源拓展

资源拓展，即将以前没有建立起联系的资源建立联系，将新获取的资源与已有资源加以整合，进一步开发出为企业所用的潜在性资源，这也是企业持续竞争优势的根本来源。资源拓展过程能为创业企业带来新的活力，从而使其能够更充分地发现和掌握创业机会。

典型案例：“90 后”女孩开珠宝店

“90”后女孩小陆开了一家珠宝定制店。她在成都市盐市口开了自己的第一个店面，运营没多久，她就有了自己的一套生意经——个性化的私人定制方式及市场高性价比，使得很多客户开始选择定制珠宝。

珠宝是高级奢侈品，所以珠宝定制需要更专业的技术知识。如果要在奢侈品行业创业，除了有成熟的专业知识外，还要有相关的渠道、人脉、圈子、客户等资源。当然，小陆在这些方面是有优势的，她以前在北京就从事过珠宝奢侈品方面的工作，有着不少进货渠道，也积累了很多人脉和资源。现在的很多客户就是以前的老客户，而新客户都是通过老客户介绍而来的。

有了客户，资金也是一个重要因素。即使店面不大，投资成本也要 300 万元上下，包括店面装修费用 50 多万元，货物原料花费 200 多万元，还有店铺租金、人员聘用等费用。小陆笑道：“虽然看起来费用较多，但风险较小，即使经营失败，宝石还是可以转卖的，损失的无非是租金、水电等费用，而这些相对较少。现在每月的支出有五六万元，营业收入基本上能够保证日常的开支。如果在旺季，收入是现在的 2 到 3 倍，一年平均下来收入还有近 100 万元。现在钻石的销售占了总销售额的 90% 左右，大概一年半时间就能收回成本。”不过在奢侈品当中，小陆还是比较看好宝石的销售市场，因为宝石价格比钻石要低些，还有宝石的种类也较多，客户们选择的机会更多。

在珠宝定制市场当中，北京市场是红海，竞争更激烈；成都市场是蓝海，发展空间更大。“成都的珠宝市场还没有被充分地开发。”这给了小陆大展拳脚的机会。

经过调研，小陆将有结婚打算的年轻人定为自己的目标客户，这是因为年轻人喜欢凸显自己的个性，定制服务对他们有很强的吸引力；而结婚是人生大事，怎么花钱都不为过，珠宝这种奢侈品也常常出现在婚礼中。这样，确定了目标客户，营销策略也就明确了。她开始与婚庆影楼、高级会所及美容院等进行合作，逐渐提高了自己的知名度，也获得了许多消费者的认可。

虽然市场前景一片大好，但是小陆没有开分店的计划，她想打造优质的精品珠宝会所，同时开通网络交易，目的是方便外地客户。

如今，小陆的珠宝生意越来越好，高端珠宝会所的打造也被提上了日程。

【案例分析】

通过这位普通的“90 后”创业成功的案例，我们可以了解到，任何创业都需一定的资金为基础。珠宝定制是专业性很强的行业，要在这个行业获得成功，不仅需要多方面专业知识，更需要更多的顾客和人脉。

探索活动：资源整合

活动内容

创业是一个评估并整合自身资源与外部资源的过程，如何创造性地整合外部资源是优秀创业者必须具备的关键性技能之一。具体创业评估流程如下：

（1）请同学们利用表 6-1 对自身条件进行评估。

表 6–1　自身条件评估

评估内容	具体要求	自我描述
你想做什么	根据你的兴趣、爱好确定你想做的事情	
你拥有什么	你的优势、强项是什么（如技术优势、人脉优势、知识优势等）	
你缺少什么	你的劣势、弱项是什么（如技术劣势、人脉劣势、知识劣势等）	

请认真评估自己拥有的资源，并思考一下：如果要进行创业，你还需要哪些资源？

（2）评估你的同学是否具有你所需要的资源。

（3）如果有，你将如何说服他和你一起创业或与你共享资源？

（4）除了同学外，你还有什么渠道可以获取创业资源？

（5）获得创业资源后，你将如何有效整合这些资源？

活动检测

活动结束后，教师可根据表 6-2 进行评分。

表 6–2　探索活动评价表

评分标准	满分	实际得分	备注
能准确评估自身资源	20 分		
能找出自己缺少的创业资源	20 分		

续表

评分标准	满分	实际得分	备注
能准确评估外部资源	20 分		
能多渠道获取外部资源	20 分		
能有效整合外部资源	20 分		
总分	100 分		

能力训练

假设你是一名即将毕业的学生，准备毕业后自主创业。请根据你选择的创业项目，分析以下问题：

（1）写出创业所需要的资源以及需要继续获取的资源。

（2）写出你准备获取资源的途径和方法。

（3）估算创业所需要的资金。

评分标准：

（1）能列出创业所需要的资源（30 分）。

（2）能列出获取资源的途径和方法（30 分）。

（3）列出的途径和方法具有可行性（30 分）。

（4）估算出合理的创业资金（10 分）。

拓展延伸

寻找一个创业失败案例，并分析其创业失败原因，重点分析在创业资源和创业模式方面导致其失败的因素。

6.2 团队建设

创业问题

企业的创建者可以是个人，也可以是团队。通常是一些有着共同愿景和价值观的人，怀着对梦想的渴望而走到一起，形成了最初的创业团队。他们通过对资源和生产要素的重新整合，来开发自己的产品或服务，满足市场的某种需求。在进行下面的学习之前，请同学们思考以下问题：

（1）为什么投资者特别重视团队建设？

（2）组建团队只是为了找到志同道合的人吗？

（3）组建团队需要注意哪些事项呢？

6.2.1 创业团队的概念

团队就是由一群志同道合的人组成的，能合理利用其中每个成员的知识和技能、技术，协同合作以解决问题并达到共同目标的共同体。而创业团队就是由几个技能互补的创业者组成的，为实现共同的创业目的而组成的共同体。

6.2.2 创业团队的组成要素

组建创业团队需具备目标、成员、定位、权限和计划五个组成要素。

1. 目标

创业团队应该有一个共同的创业目标，这个目标能为团队成员导航，并确定企业的发展方向。若没有目标，团队就没有存在的意义。通常来说，创业目标以企业远景和发展战略等形式体现。

2. 成员

构成创业团队核心的力量是人。在所有的创业资源中，最活跃、最重要的资源是人力资源。由三个或三个以上的人就能形成一个团队，团队有了共同的创业目标时就形成了创业团队。应充分调动创业团队中每个成员的主观能动性，将人力资源转化为人力资本，为企业创造更大的价值。

在一个团队中，有人制定策略，有人制订计划，有人具体执行，有人协调组织，还有人监督管理并评估团队的贡献，由不同的人来分工协作完成创业团队的目标。因此人员选择是创业团队应当着重关注的重点工作。

3. 定位

创业团队的定位包含以下两方面的内容。

（1）团队的定位，即创业团队在企业中所处的位置，由谁选择团队的成员，团队由谁负责，创业团队以什么方式激励成员。

（2）成员的定位，即成员在创业团队中的角色是什么，是实干者、协调者、推进者还是创新者、监督者等。

4. 权限

团队当中，领导者的权力大小跟团队的发展阶段相关，一般来说，在团队发展的初期阶段，领导权是相对比较集中的，而团队越成熟，领导者所拥有的权力越小，团队拥有的权力越大。

5. 计划

创业团队的计划包含两个意思：

（1）计划是为了达成目标而制定的一系列具体实施方案，也可以把计划理解为达到目标所要执行的具体工作步骤。

（2）只有按照计划逐步推进，创业团队才能一步一步地接近预定的目标，从而实现最终目标。

6.2.3 优秀创业团队的组建要点

由于组建创业团队的基石是创业远景与共同信念，因此创业者需要提出一套能够凝聚人心的远景与经营理念，从而形成共同的目标与企业文化。一般而言，要组建一个优秀的创业团队，应特别注意以下几点：

1. 彼此了解

创业团队的成员彼此间应知根知底，相互熟悉。在优秀的创业团队中，每个成员都必须非常清醒地认识到自身的长处和缺点，当然也要对其他成员的优势和劣势了如指掌，这样才能在团队中形成强大的凝聚力和向心力，并避免团队成员之间因相互不熟悉而产生的各种纠纷与矛盾。

需要注意的是，这里所说的了解是真正的了解，而不是表面上的了解。例如，许多人在创业的时候选择的合作伙伴是校友、同学、亲戚、朋友等，但后来轻易就“散伙”了，其根本原因在于：虽然他们选择的合作伙伴都是“熟人”，但是他们并不真正了解这些“熟人”。

2. 相互信任

信任是解决分歧、达成一致的唯一途径。创业团队成员之间不仅要志同道合，更需彼此信任。最初创业时，要把最基本的责任、利益关系、股权等分清楚，讲明白，特别是利益分配方面，包括增资、融资与撤资调配等方面。这样一来，企业发展壮大以后，就不会出现因利益分配不公而产生矛盾，最终导致创业团队解体的局面。

3. 理念一致，目标相同

首先，所有团队成员都必须认同大家共同确定的创业目标、分配制度、管理制度、企业发展战略、经营理念、企业文化等，都必须对企业能够长期经营保持信心。

其次，所有团队成员都必须认识到团队是一体的，所有成败都是整体的而非个人的。大家必须能够同甘共苦，必须将团队利益置于个人利益之上。要明白，团队中没有个人英雄主义，每位成员的价值表现为其对团队的贡献。大家更注重长期的成功，而不计较薪资、福利、津贴等短期利益。

再次，所有团队成员都必须对工作抱有满腔热情，必须要有长时间工作的心理准备。任何人不管其专业水平多么高，如果没有激情，都无法适应艰苦的创业生活。

最后，所有团队成员均应了解企业在成功之前都会面临很多挑战，并承诺不会因为一时困难而退出。当企业面临困难时，大家必须齐心协力，共同面对，一起解决。如确有特殊原因需提前退出团队，必须将股权优先转让给团队成员。

4. 取长补短，相得益彰

如果站在人力管理的角度来看，保持创业团队稳定的关键是建立优势互补的创业团队。分析表明，当创建创业团队时，如果没有考虑到成员专业技能的多样性，将使创业团队出现先天不足的问题。

因此，要发掘创业团队最大的潜能，在创建团队时除了要考虑成员之间的关系，还要考虑成员之间的互补性，如彼此之间性格、经验、专长、技术等的互补，以此来达到团队的平衡。

一般来说，一个优秀的创业团队必须包括以下几种人：

(1) 一个很好的“领袖”。此人必须能够高瞻远瞩，能够为企业制定明确的战略、战术；必须有很好的人品，处事公正，能够服众，能够团结整个团队；还必须具有很好的协调能力，能够及时化解团队成员的矛盾。

(2) 一个很好的“管家”。此人主要负责企业的日常运营及各项规章制度的制定。由于企业日常事务非常琐碎，因此，此人必须心思缜密、工作细致。

(3) 一个很好的财务总监。资金是企业的生命线，因此，创业团队中最好有一个好的“财务总管”，能合理地安排企业收支，帮助企业融资。

(4) 一个很好的营销总监。我们经常说，产品是基础，营销是龙头。如果营销不行，产品就不能变现，企业只有关门大吉。

此外，如果创业企业是一个技术类企业，可能还需要一个很好的技术专家，帮助企业不断地进行技术创新或产品更新，使企业始终处在行业的前沿位置。

典型案例：长春版“中国合伙人”

在电影《中国合伙人》中，成东青、孟晓骏和王阳因为拥有同样的梦想而一起打拼事业，共同创办英语培训学校，最后功成名就实现梦想。在长春，有三个“90后”也上演着“中国合伙人”式的故事，他们合伙开办了一家科技公司，目前正在研发一种智能激光清雪设备，还梦想有一天公司能上市。

小郑，女，1991年生；小宿，男，1993年生；刘某，男，1991年生。据介绍，小郑有在世界500强企业工作的经历，而另外两名男孩则有海外求学的经历。小郑跟小宿是多年的好朋友，而小宿和刘某则是同学，创业前他们经常小聚。

三个人中，小郑性格最爽朗，但骨子里却没有那两位从国外“镀金”回来的放得开。“跟他们俩接触，我思想转变挺大的。”小郑坦言，她以前做事情，总是先考虑赚钱，“物质的东西在意多一些。”但小宿和刘某聊的都是“回馈社会”“改变世界”这些让她激情澎湃的话题。三个人逐渐形成了共同的创业目标。2014年，他们成立了一家科技公司，组成了“中国合伙人”。

创业之初，他们有着共同的想法：把国外较为先进的技术带回来，再创新变成真正有意义和价值的产品。他们研发的第一个产品是车载健康枕，资金是创业中遇到的最大难题，三个人倾囊而出，凑了近40万元作为公司的启动资金。2014年年末，在第一批产品投入生产之前，资金链断了。三个人分头行动，小宿和刘某去向朋友借钱，小郑则把房子抵押给银行去贷款。他们想的是：产品生产出来之后，两三个月资金就能回笼，借的钱就可以还上了。

但由于对市场了解不够，健康枕生产出来之后，销量跟他们想象中的差很远，价格也达不到预期。产品卖不出去，资金全押在里面，生意陷入困境。“我们三个真想坐在地上哭啊！”小郑说，“我们在一起喝了三天的酒，把我爸一桶 5 千克的酒全喝光了。”发泄完后，三个人又重新上路。“从没动摇过，我们在一起聊的，只是总结经验，研究怎么把东西卖出去。”小郑说。

创业半年后，公司进入创业园，这时他们才发现以前走了不少的弯路。“我们刚开始创业的时候，只知道埋头苦干，没有研究政府的政策以及市场的需求，后来才知道这样越做越错。”小郑说，创业困难无非就是三点：资金、人才和市场。他们经历了许多创业者都经历的错事——不了解政策，不懂市场。“只知道自己有技术，但不去考虑后果，没有试水的经验。”小郑说，进驻创业园之后，享受到了较低的房租价格，后来干脆申请了房租减免。另外，政府有关部门还会帮助申请一些创业贷款及业务指导，这些都是之前他们不了解的。

如今，公司经营已步入正轨，刘某正在北京开展业务。小宿是技术负责人，他介绍了目前研发的智能激光清雪新技术。小宿说，长春这两年冬天雪下得很大，机械除雪对路面会造成破坏，而融雪剂对路面及树木也有伤害。他们研发的智能激光清雪设备，激光束离地 50 cm 即可清雪。其优势是：第一，能耗小，耗电量只相当于一个电吹风；第二，不需要融雪剂，对路面不造成任何破坏；第三，能解决机械清雪解决不了的问题，可以清除冰雪混合物；第四，还可以清除电线杆上的纸质小广告及外墙上的涂鸦等。目前这项技术已经通过认证，样机很快就会出来。这项技术在全世界都处于领先地位，现今能将激光清洁产业化的国家只有法国、德国和美国。

“哥们儿式合伙，仇人式散伙”是许多企业最常见的聚散模式，也是三个人最为担心的。“生意没做成，朋友还掰了，这是我们最不愿看到的结果。”小郑说。

现在，他们共同创业已有三年时间了，生意不错，感情仍然很好。小郑骨子里挺“男人”，比较直，有什么说什么；刘某性格也比较急躁，但一般不发火，比较严谨；小宿性格平和，有耐心，能包容人。“我们经常一起工作到很晚，但总能说说笑笑的，很开心，感觉像在一个宿舍生活一样。”小郑说。

【案例分析】

正所谓“物以类聚，人以群分”，如果我们身边聚集的都是一些有价值的人，那么我们的价值也能从他们身上得到体现。本案例中，三个合伙人遇到挫折后能够很快调整心态，重新振作；敢冒风险，敢于引进最新技术；善用政策，跟着政策走；性格互补，创业三年感情仍然很好，这些都是值得借鉴的经验。

6.2.4 企业员工的招聘与甄选

企业招聘与甄选员工的具体步骤如下：

第一步：明确招聘需求，拟定招聘计划。企业招聘员工时，需考虑：哪些岗位需要招聘具备哪些技能的人，招聘的具体人数，薪资水平，等等。

第二步：发布招聘信息。信息包括招聘的岗位、岗位职责和要求、招聘人数等内容。

第三步：分析应聘者的个人简历。企业应根据岗位职责要求招聘员工，不宜仅根据个人简历就决定员工入司，还要考察员工的专业技能和素质、品行，必要时应进行实操、笔试和面试。

第四步：对应聘者进行笔试和面试。一般来说，企业可能更注重研发人员的专业知识水平，所以可将笔试部分赋以较大的权重：而招聘营销人员时，企业可能更加注重应聘者在面试过程中表现出来的能力，所以要加大面试部分的考核。

面试时，可通过以下技巧性的问题，掌握应聘人员的基本情况：

(1) 请简述一下你以前的工作情况。

(2) 你离开原单位的原因是什么?

(3) 在你的工作经历中，最满意的是什么，最不满意的是什么?

(4) 你是如何了解我们企业的，你希望应聘哪个岗位?

(5) 你有哪些优缺点? 你有哪些专业技能?

(6) 如果有人对你不好，你会有怎样的反应?

(7) 你有什么兴趣爱好? 平时是怎样安排时间的?

除了问常规的问题外，也可以利用专业知识测评技能，评价应聘者的素质和能力，帮助企业判断应聘者是否满足岗位的需求，是否有良好的工作意愿。

第五步：甄别录用。通过层层筛选后，招聘人员对应聘者的专业知识及能力都有了大致的了解。在综合考虑应聘者的笔试和面试成绩后即可做出是否录用的决定。

探索活动：模拟公司招聘的面试环节

活动目的

掌握企业员工招聘和甄选流程。

活动内容

以小组为单位，4 ~ 5 人为一组，模拟公司招聘的面试环节。

考场设置：

布置面试场所，如布置座位，摆放考官座位牌、水杯等。

人员设置：

每小组设置主考官一名，应聘人员 3 ~ 4 人。小组自行设置招聘职位。

面试过程：

(1) 学生轮流进入“考场”面试，时间控制在 5 分钟左右。

(2) 主考官要求应聘者用 1 分钟时间做一个自我介绍。

(3) 主考官针对应聘者的简历进行提问及追问。

(4) 让应聘者主动提出问题，面试官进行解答。

(5) 主考官根据应聘者各方面的表现，对其进行客观评分和综合评价。

活动检测

活动结束后，教师可根据表 6-3 进行评分。

表 6–3 探索活动评价表

评分标准	满分	实际得分	备注
掌握招聘流程	20 分		
能合理设置公司职位	20 分		
语言表达能力强	20 分		
仪态端庄、举止得体	20 分		
应变能力强	20 分		
总计	100 分		

能力训练

假如你创建了一个小公司，招聘了 4 名员工（2 名专职、2 名兼职）。这 4 名员工工作都很积极努力，但其中有一名全职员工经常迟到、请假，还影响了其他员工，并影响到了整个公司的规范管理。根据上述问题，请你找出解决办法。

评分标准：找出的解决办法越多，越具有可行性，得分越高。

____

____

____

____

拓展延伸

如果你是一个团队领导者，你将如何组建一个优秀的创业团队？请以小组为单位进行讨论，并做出以下说明：

（1）创建企业的类型、经营范围和目标消费群体。

（2）对团队中每个成员的工作和职责进行描述。

（3）在创业过程中，成员之间将如何做到相互配合？

6.3 创业融资

创业问题

对于一个创业者来说，即使胸怀大志并拥有先进技术或很好的创意，若没有创业资金的支持，他也无法实现自己的创业梦想。因此，如何有效获取资金是每一位创业者都极为关注的问题之一。现在，请大家思考一个问题：创业的第一桶金从何而来？

6.3.1 创业资金的来源

创业资金主要来源于私人融资、机构融资、风险投资、天使投资和政府扶持资金等。

1. 私人融资

私人融资包括个人积蓄和向亲友融资。创业者创业融资的最根本来源就是个人积蓄，几乎所有的创业者都会向新创办的企业投入个人积蓄。虽然个人积蓄投入是企业融资的一种途径，但也不是解决资金问题的唯一方案。一般来说，创业需要大量的资金作为基础，创业者的个人积蓄对创业来说是十分有限的，如果创办的是大规模企业或密集型工厂，个人积蓄更是杯水车薪。

向亲友融资也是重要融资途径之一，在创业中起着重要的支持作用。在我国，以家庭为中心形成的社会关系网络，对包括创业融资在内的许多创业活动都会产生一定的影响。家庭成员和亲朋好友因与创业者有私人关系而愿意投入资金，因此向亲友融资也是创业资金的重要来源。

2. 机构融资

机构融资包括向银行借款、向非银行金融机构借款、交易信贷和融资租赁。

其中，比较适合创业者向银行借款的形式主要有抵押贷款和担保贷款两种。

抵押贷款是借款人提供一定的抵押品作为贷款的担保，以保证贷款能到期偿还的借款形式。在这期间，借款人可以继续使用抵押的财产。

担保贷款是借款人向银行提供符合法定条件的第三方保证人作为还款保证的借款形式。若借款方不能履约还款，银行有权按照约定要求保证人履行或承担清偿贷款的责任。

非银行金融机构是指以发行债券和股票、提供保险、接受信用委托等方式筹集资金，并将筹集的资金用在长期性投资的金融机构。根据法律规定，非银行金融机构包括农村和城市信用合作社、信托公司、典当行、保险公司、小额贷款公司等。

企业在正常的商品交易和经营活动中，因预收货款或延期付款而形成的企业间的信贷关系即为交易信贷，通常也被称为商业信用。企业在筹办期和生产经营过程中，都可以用交易信贷的方式筹集部分资金。

融资租赁是一种新型金融业务，指出租方根据承租方对租赁物的要求和对供货方的选择，出租金向供货方购买租赁物，并租给承租方使用，承租方要向出租方支付租金。在租赁期之内，租赁物的所有权属于出租方，承租人拥有租赁物的使用权。利用融资租赁的方式取得生产设备的使用权，可以让企业如期开业，顺利开始生产活动；还能缓解创业资金紧张的局面，节约创业资金。

3. 风险投资

风险投资是由专业机构提供的投资。其投资对象多为创业期的中小企业，主要是现代服务业或高新技术企业。投资期限通常为 3 ～ 5 年，以股权投资为投资方式，占被投资企业最多 30% 的股权，既不要求控股权，也不要任何抵押或担保。因为投资者目的是追求超额回报，若投资企业增值了，风险投资者会通过收购兼并、上市或其他股权转让方式撤出资金，实现增值后的收益。

4. 天使投资

天使投资是一种非组织化的投资形式，是自由投资人或非正式风险投资机构对有发展前景的小企业进行的权益性的投资，是民间的一种投资方式。目前这种投资的规模有限，投资的金额较小，审查也不严格，通常是基于投资者的主观判断或个人好恶决定的，属于个体或者小型的商业行为。

5. 政府扶持基金

随着我国经济的发展，政府对创业和创业者的支持力度、产业的覆盖面都越来越大，提供的扶持基金也逐步增多。创业者可以利用政府扶持政策获得创业资金支持。

典型案例：靠个人积蓄创业的青年学生

小彭是江苏某职业学校安防技术专业的学生。上学期间，他利用周末或节假日到上海市徐汇区的“百脑汇”打工，为客户组装计算机。在装机过程中，他了解了组装计算机的流程并找到了销售计算机的渠道，同时也掌握了一些营销技巧。他率先在电脑城里打出了“整体装机只挣 100 元”“元部件价格全透明”的广告，消费者看到后纷纷去他所在的店铺装机。一时间，生意好到一个人忙不过来了。

小彭不甘心一直给别人打工，想开创自己的事业。于是，他用打工积累的钱租了一个摊位，请了几位工人，开始自己的计算机维修、装机服务。到毕业那年，他的资产已经超过 20 万元人民币。他把这些资金作为启动资金，利用自己在学校所学的安防技术专业知识注册了公司。截至 2016 年，小彭企业的注册资本已增资到 1 000 万元人民币。

【案例分析】

创业资金对于创办企业尤为重要，很多成功的创业者，在创业初期都是通过个人积蓄或向亲友借款的方式来筹得创业资金的。案例中的小彭就是这样做的——通过努力工作，他积累了一些积蓄，并将这些积蓄作为启动资金，创办了自己的公司，并取得了创业成功。

6.3.2 创业资金估算

合理地筹集创业所需资金是对创业者最基本的要求，也是其创办企业的前提。筹集不到足额资金会使企业出现资金断流，甚至被迫清算；筹集的资金过多，又会导致资金的闲置，产生机会成本，导致经营效益降低。创业者一定要学会科学估算创业所需资金。

青年学生创业普遍选择小本投资项目，主要可以从以下几个方面对创业资金进行预算，见表 6-4。

表 6–4 投资资金预算表

行次	项目	数量	金额	行次	项目	数量	金额
1	房屋租金			9	广告费		
2	设备			10	水电费		
3	办公家具			11	电话费		
4	办公用品			12	保险费		
5	员工工资			13	设备维护费		
6	创业者工资			14	主营业务税金及附加		
7	业务拓展费			15	其他费用		
8	存货的购置支出						
					合计		

探索活动：制订融资计划

活动内容

王先生想成立一个培训学校，请你根据学校的实际业务情况，确定公司的启动资金。具体活动流程如下：

（1）对学生进行分组，每组 4 ～ 6 人，选出一个小组负责人。

（2）各小组上网查找创业项目所属行业的资金运作特点。

（3）各小组讨论以下问题：

①创业需要多少资金？具体包括哪些支出？（填写表 6-5）

②通过什么渠道获得这笔资金？

③融资方案是否符合企业发展战略和发展阶段？

④在融资前，应做好哪些准备工作？

（4）拟定融资计划。

（5）将融资计划制作成 PPT，由小组负责人上台演讲。

（6）教师对活动进行点评。

表 6–5 资金估算表

行次	项目	数量	金额	备注
1	房屋租金			
2	办公家具和设备			
3	办公用品			
4	员工工资			
5	业务开拓费			

续表

行次	项目	数量	金额	备注
6	交通工具购买费			
7	广告费			
8	水电费			
9	电话费			
10	保险费			
11	设备维护费			
12	主营业务税金及附加			
13	其他费用			
	合计			

活动检测

活动结束后，教师可根据表 6-6 进行评分。

表 6–6　探索活动评价表

评分标准	满分	实际得分	备注
掌握行业资金运作特点	20 分		
创业资金估算合理	20 分		
明确各融资渠道的优缺点	20 分		
能提出有效的融资方案	20 分		
融资计划内容完整，具有可操作性	20 分		
总分	100 分		

能力训练

以小组为单位，选择当地一家大型银行的中小企业部、一家城市或农村信用合作社、一家开展贷款业务的典当公司或财务公司和一家风险投资公司，联系其负责人或相关工作人员进行访谈，调查这些机构在创业融资计划方面的具体做法。

评分标准：

(1) 积极参与调查实施（20 分）。

(2) 能说出被调查机构在创业融资方面的计划（40 分）。

(3) 能说出被调查机构在融资方面的优缺点（40 分）。

拓展延伸

我们通常可以通过哪几种方式获得创业资金？尝试用头脑风暴法想出更多获得创业资金的方法。

本章总结

本章主要讲述了以下几个方面的内容：

❑ 创业资源的含义；创业资源的类型，即人力资源、物质资源、财务资源、技术资源和组织资源；创业资源整合的四个步骤：资源扫描、资源控制、资源利用和资源拓展。

❑ 创业团队的概念、组成要素、组建要点等知识内容。其中，创业团队的组成要素包括五个方面，即目标、成员、定位、权限和计划。

❑ 创业的融资问题，包括创业资金的五个主要来源——私人融资、机构融资、风险投资、天使投资、政府扶持基金，以及创业资金的估算。

第7章

走好创业第一步

本章目标

❑ 了解如何创建一个企业，掌握企业选址的策略与技巧

❑ 了解如何建立企业各种相关制度，了解制度建设是企业规范化、科学化运作的基础

❑ 了解企业财务管理的重要性，掌握报税、节税的方法

❑ 掌握如何建立自己的品牌，并寻找目标客户

❑ 了解与创业、建立和经营企业等相关的法律问题

自我思考

如果你正准备创业，就一定要考虑如何筹集资本、怎么申报公司、如何选择场所、怎么制定企业制度等一系列的问题。具体请同学们思考以下问题：

（1）你认为企业选址应考虑哪些因素？

（2）你认为企业申报应遵循哪些流程？

（3）你认为怎样创立企业品牌？

（4）你认为企业怎样经营才合法？

开篇故事：O2O 模式卖煎饼

在很多人看来，年轻人卖煎饼不是一个很体面的行业。但在北京有一家面积仅 13 m²，只有 13 个座位的煎饼店，他家的煎饼果子能从早卖到晚，一年就能实现上百万元人民币的销售额。

煎饼店的老板小贺曾在百度、去哪儿、谷歌等互联网公司工作过。经历几次跳槽之后，小贺特别想自己创业，自己做老板。就在这时，他认识了他的妻子，也就是现在煎饼店的老板娘，一个地道的天津姑娘。随后小贺开始经常往返于北京和天津之间。小贺和女朋友都喜欢吃煎饼，所以两个人商量了一下，决定开一家煎饼铺。他们认为自己的店铺要区别于传统的煎饼店，他希望能够颠覆“煎饼”在人们心目中的印象。经过几个月的紧张筹备，煎饼店开业在即。作为一个没有任何餐饮从业经验的人，为了保险起见，小贺特意选了一个周末作为开业的日子，他依稀记得开业当天大概卖了几百元钱。

煎饼店的主要目标客户是白领，这就要求其就餐环境应舒适，有格调，对食品的要求则是物美价廉、安全卫生。

小贺说：“在用料上，我们坚持用有机生菜、纯绿豆面、无矾现炸油条。”

因煎饼店店址所在的地段女白领很多，小贺就又开发了两款甜品：南瓜羹和紫薯芋头泥。再加上之前为了丰富口味而加入的东北卷饼、麻辣烫和四川凉面，这就构成了整个煎饼店产品系列。

为了让写字楼里的白领觉得在煎饼店吃煎饼和在咖啡馆喝咖啡是一样的，小贺在店面装潢上选择了略带港式茶餐厅的格调，背景音乐包含了流行、爵士、蓝调等。店面陈设中除了盆景外，还有来自各地的新奇玩意儿。店内还有免费的 WiFi，白领可以一边上网，一边品美食，格调既优雅又休闲。

小贺认为和消费者之间是否存在积极紧密的互动也是创业成败的关键，而互联网让这一切成为现实。一开始，煎饼店很不起眼，不过还是有很多客人慕名而来，这一切都源于煎饼店传统美食的微博：关注微博—互动—垂涎三尺—跃跃欲试，是很多人来到这里的过程。与老板在微博互动，顾客第一时间将用餐意见和感受反馈给商家，同时利用互联网分享美食照片，等于免费为煎饼店做了宣传。小贺了解年轻人的生活方式，几乎利用了所有社交媒体平台为自己的小店做营销，他通过微博、大众点评，以及即时通信工具如微信、QQ 等来进行订餐业务和推送促销信息。

小贺说，从开业至今他共收到过约 7 万条微博评论，他总会在第一时间逐一回复每一条评论。他认为这么做不仅是互动，更重要的还是用心和顾客沟通，迅速、及时的回复是诚意的一种体现。

自开业至今，煎饼店吸引了很多投资人的注意，每天打电话来寻求加盟的人更是络绎不绝。但小贺有自己的想法：煎饼店只做直营，不做加盟，因为这样更利于管理和监督。

小贺还说，未来煎饼店每家店铺的菜单不会完全相同，每家店铺会根据自己不同的地域特点研制地域特色产品，他认为这样做更有趣，也让食客对不同的店铺有不同的期待。

7.1 企业的创建

创业问题

创业者有了创业的想法，通过市场分析找到了创业机会，确定了创业项目，组建了创业团队，撰写了《创业计划书》，获得了创业资金后，即可正式成立企业。

在创建企业时，请同学们思考以下问题：

（1）创业者怎样注册合适的公司？

（2）影响企业选址的因素有哪些？

（3）申办企业要遵循哪些步骤？

7.1.1 企业组织形式的选择

对于创业而言，做好资金、资源、心理、项目筹建等准备是创业的第一步，同时更加重要的一件事就是按照自己的实际情况，选择一个合适的企业组织形式。

企业组织形式一般分为三种：个人独资企业、合伙企业和公司制企业。

1. 个人独资企业

个人独资企业是指依法设立的，由自然人投资，财产由投资人个人所有，投资者对企业债务承担无限责任的经营实体。

个人独资企业是非法人型企业。企业财产属于投资人个人所有，当企业财产无法偿还企业债务时，那么就由投资者个人财产来抵偿。这种个人独资企业组织形式，比较适合于刚入市场与资金实力有限的创业者。

根据《中华人民共和国个人独资企业法》规定，设立个人独资企业应该具备下列几个条件：

（1）投资人为一个自然人。

（2）有合法的企业名称。

（3）有投资人申报的出资。

（4）有固定的生产经营场所和必要的生产经营条件。

（5）有必要的从业成员。

2. 合伙企业

合伙企业是指由合伙者签订合伙协议，共同出资、合伙经营、共享收益、共担风险，并对企业债务承担无限连带责任的营利性企业。

合伙企业属于非法人型企业。在当代企业中，合伙企业所占比例较大。实践证明，合伙企业是一种简便灵活又不失一定规范和规模的企业组织形式。

设立合伙企业，应当具备下列条件：

（1）有两个以上的合伙人。合伙人为自然人的，应当具有完全民事行为能力。

（2）有书面合伙协议。

（3）有合伙人认缴或者实际缴付的出资。

（4）有合伙企业的名称和生产经营场所。

（5）法律、行政法规规定的其他条件。

3. 公司制企业

公司制企业是指按照法律规定，由法定人数以上的投资者（或股东）出资建立、自主经营、自负盈亏、具有法人资格的经济组织。目前在我国，公司制企业主要有两种，即有限责任公司和股份有限公司。

1）有限责任公司

有限责任公司是指在中国境内设立的，股东以其认缴的出资额为限对公司承担责任，公司以其全部资产为限对公司的债务承担责任的企业法人。根据《中华人民共和国公司法》的相关规定，成立有限责任公司应具备以下条件：

（1）股东符合法定人数。

（2）有符合公司章程规定的全体股东认缴的出资额。

（3）股东共同制定公司章程。

（4）有公司名称，建立符合有限责任公司要求的组织机构。

（5）有公司住所。

2）股份有限公司

股份有限公司是指将公司全部资金分为等额的股份，股东根据自己所持股份为限对公司承担责任的企业。公司以其全部资产对公司债务承担责任。根据《中华人民共和国公司法》的相关规定，成立股份有限公司应具备以下条件：

（1）股东符合法定人数。

（2）股东出资达到资本最低限额。

（3）股东共同制定公司章程。

（4）有公司名称。

（5）有公司住所。

不同的企业组织形式没有绝对的好坏之分，对创业者而言，需要考虑的是选择哪种组织形式更有利于创业企业的生存与发展。各种组织形式的优势与劣势的比较分析如表7-1所示，创业者可依此选择合适的组织形式。

表 7–1 各种组织形式的优势与劣势

组织形式	优势	劣势
个人独资企业	①创立简便，注册资本少 ②投资者拥有对企业的掌控权 ③经营灵活性强，能迅速应对市场变化 ④盈利属于投资者，无须与人分享 ⑤仅需缴纳个人所得税 ⑥在技术保密和经费方面容易控制	①投资者需承担无限责任 ②筹资困难 ③投资者承担的风险大 ④企业的成功更多地依赖投资者的个人能力 ⑤企业的连续性差
合伙企业	①企业创立简便、出资方式灵活 ②企业经营具有高度的灵活性 ③与个人独资企业相比，企业资金来源较广，信用度较高	①合伙人承担的责任较大 ②财产转让困难 ③融资方面有限，企业规模不会太大 ④一个合伙人出意外或退出都有可能导致合伙企业解散
有限责任公司	①股东风险小，只承担有限责任 ②公司独立，易于存续 ③公司所有权与经营权分离，聘任经理人管理，更能适应市场竞争	①公司建立复杂，费用高 ②税收负担重，存在有双重纳税问题 ③不能公开发行股票，资金筹集的渠道受限 ④产权流动不充分，资产运作受阻
股份有限公司	①股东只承担有限责任，风险不高 ②公司独立，易于存续 ③公司产权可以股票形式充分流动 ④可聘任职业经理人管理，管理水平较高 ⑤筹资能力强	①公司创立程序复杂，费用高 ②因公司要定期报告其财务状况，使公司相关事务不能严格保密

7.1.2 企业经营场所的选取

1. 影响企业场所选择的因素

创业者选择企业经营场所时，不仅要考虑人口因素、技术因素、经济因素，还要考虑社会文化因素、自然因素及政治因素等。

（1）人口因素。

创业者应了解自己企业目标消费群体的状况，要重点了解所在地域的人口结构和数量，目标消费者的收入、消费能力、购买习惯等情况。人口因素常常能反映本地域的市场需求。在一般情况下，企业附近人口越多，企业的经营发展就越好。例如，要开一家学习用品店，创业者就要了解该地区是否有学校，因为学生购买学习用品的数量最多。

（2）技术因素。

高科技企业以科技研发与生产为发展方向，创业者可将此类企业建在某地区的技术研发中心，或建在新技术信息传播速度较快的地区，这样创业者可及时了解国内外新技术发展变化的新趋势、新特点，可避免因技术市场的不确定性对高科技企业带来的不利影响与损失。

（3）经济因素。

经济因素决定了企业预选地区的购买力，一般包括该地区的收入水平、家庭收入、银行存款等指标，这些数据和该地区经济是否发达联系密切。

（4）社会文化因素。

在选择企业经营场所时，应考虑该地区的社会文化与商业文化。不同文化下的消费者，生活态度和价值取向不同，这会直接影响企业产品定位和市场拓展方向。

（5）自然因素。

创业者所选择的企业经营场所的地质状况、水资源、气候变化等，对企业的生产与经营活动是有一定影响的。

（6）政策因素。

创业者选择企业经营场所时，应了解该地政府对市场发展、产业发展等方面的相关规定。透彻研究政府产业发展的重点和优惠政策，才能使企业发展抢占市场先机。

典型案例：选址不当咖啡店经营不善

2007 年，小孙从学校毕业时决定开家自己的咖啡店，在亲友的协助下，她在上海佳木斯路上一个幽静的地段开了一家两层共计 60 多个座位的咖啡馆，环境优雅舒适，有品位和格调。

但是，过了一段时间，她发现她的咖啡就算卖 18 元一杯，顾客都嫌贵而很少光临，但是在徐家汇，一杯同样的咖啡卖 48 元还能吸引不少顾客。后来她才发现，是她咖啡馆所处的地区居民消费能力不高，周边社区的住户以上海本地居民居多，白天年轻人都出去工作了，在家的大多是退休的老人，他们通常不会去咖啡馆休闲。就因为选址不好，咖啡价格提不上去，效益也一般。

最后，她把咖啡馆转卖了，自己应聘去了一家室内设计公司工作。

【案例分析】

小孙的咖啡应该卖多少钱一杯，好像并不重要，重要的是她的咖啡店受选址因素的影响效益不好。因此，企业经营场所的选址因素很重要。

（资料参考：叶敏　谭润志　杨荣主编《大学生创新创业教育》，上海交通大学出版社，2016 年）

2. 企业选址的策略与技巧

科学的选址对企业的成长非常重要，因此，创业者必须注意以下几个选址策略和技巧：

（1）在收集并分析市场信息后选址。市场信息分析决定着创业者能否正确地做出决策。所以创业者应先收集市场信息，并对收集到的信息进行科学分析和总结，然后在此基础上进行选址。

（2）在评估和考察备选地址后选址。创业者应对多个备选地址进行实地考察，并采用科学的分析方法对所有备选地址进行评估，然后选择出最好地址作为企业地址。

(3) 在咨询和听取多方意见后选址。创业者可以咨询有经验的专家，把最佳的企业选址方案拿出来征求意见，听取他们的建议，获得更好的帮助。

总之，创业者只有根据企业的行业特点与市场定位等特征，通过分析各种信息，对各个备选地址进行综合评估，才能最终做出正确的选址判断。

7.1.3 申办企业的流程

在一般情况下，申办企业的流程如下：预先核准企业名称→工商注册登记→刻制印章→开立银行账户→办理税务登记→办理社会保险。申办企业的流程如图 7-1 所示。

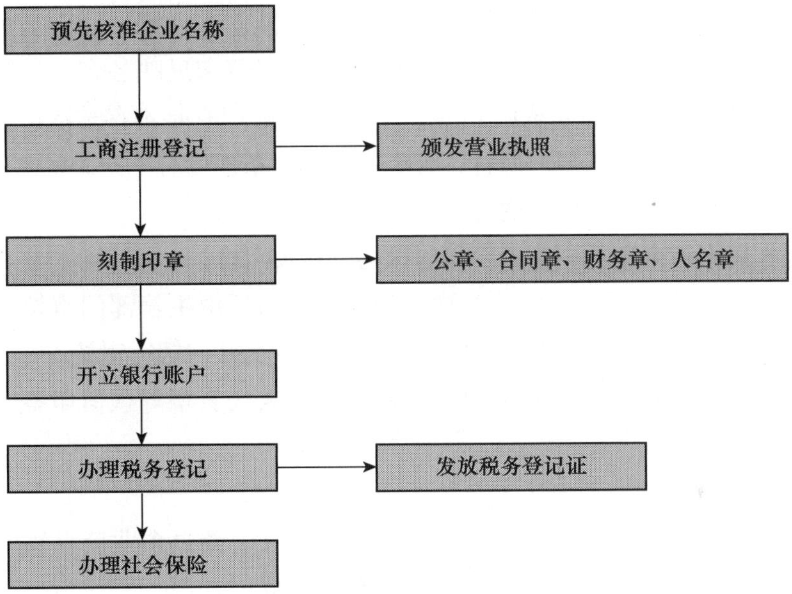

图7-1 申办企业的流程图

1. 预先核准企业名称

我国在公司登记工作中实行公司名称预先核准制度。申请公司名称预先核准时，先由创业企业代表或其委托代表人向登记主管部门提出名称预先核准申请，同时提交以下文件：

(1) 由有限责任的全体股东或者股份有限公司的全体发起人签署的《公司名称预先核准申请书》。

(2) 法人资格证明或者自然人的身份证明。

(3) 公司登记机关要求提交的其他文件。

2. 工商注册登记

(1) 填写登记申请书。申请人应按照国家工商行政管理总局制定的申请书格式文本填写并提交申请书，并按照国家相关法律和法规提交相关材料。

（2）颁发营业执照。营业执照是指工商行政管理机关发给工商企业、个体工商户的准许其从事某项生产经营活动的凭证。工商企业或个体工商户没有营业执照，一律不许营业，不得制作公章、签订合同书、注册商标，也不能开立银行账户。常见的企业营业执照有《企业法人营业执照》《个人独资企业营业执照》《合伙企业营业执照》等。

3. 刻制印章

我国法律法规明文规定，任何组织机关、社会团体、企事业单位、公司及其他法人刻制公章，必须由主管部门同意，持有关证明文件向当地公安机关申请，公安机关审查同意后，到指定的单位刻制印章。印章刻制完毕后，还需在公安机关及相关管理部门进行印鉴备案。

4. 开立银行账户

各企业、单位为申请贷款和办理结算需要在银行开立银行账户，也是企业、单位委托银行办理诸如信贷等各种相关业务的工具。它具有监督和反映各企业、单位资金活动的作用。根据《银行账户管理办法》，企业、单位银行账户有基本存款账户、一般存款账户、专用存款账户和临时存款账户四种，各类账户开户条件均有不同。

开立银行账户的程序包括以下内容：

（1）中国人民银行办理开户许可手续，取得开户许可证。

（2）企业选定开户银行后，领取开户申请书，填写后由主管部门审核盖章，再附上银行开户许可证、营业执照、企业代码证原件和复印件交开户银行审核。

（3）银行同意开户后，送交企业财务专用章、法人代表章等预留印鉴。按要求，企业只能开一个基本账户。

5. 办理税务登记

纳税是每个公民，包括创业者必须承担的社会责任。新办企业应自领取营业执照之日起 30 日内，持有关证件，向税务机关申报办理税务登记。

办理税务登记的一般流程：第一，纳税人携带营业执照，相关合同、协议书，银行账号证明，相关人员的身份证或其他合法的身份证明文件以及税务机关要求的其他有关资料、证件，到主管税务机关或指定的税务登记办理处，填报《申请税务登记报告书》。第二，通过初步审查后，纳税人领取并填写税务登记表。第三，税务机关审核并颁发税务登记证等。

6. 办理社会保险

根据《社会保障费征缴暂行条例》，创业企业注册后还必须办理社会保险。根据《社会保险登记管理暂行办法》，从事生产经营的单位自领取工商营业执照之日起 30 日内、非生产经营性单位自批准成立之日起 30 日内，应到所在地社会保险经办机构申请办理社会保险登记。

探索活动：企业选址调研

活动目的

使学生能根据外部环境合理选择企业的经营场所。

活动内容

以小组为单位，根据不同经营内容，进行选址调研，并制定选址方案。调研内容包括：

(1) 企业目标客户是哪些群体？

(2) 所选地区是否具有长远的发展前景？

(3) 所选地区的经济是否发达？

(4) 所选地址的日客流量是多少？

(5) 所选地址的房租是什么价位？

(6) 所选地区消费者的收入、文化品位和消费心理呈现什么特点？

(7) 所选地址有多少家同行业者？他们的实力如何？

(8) 所选地区的交通是否便利？

实施步骤：

第一步：由教师对学生进行分组，每 4 ～ 6 人为一组，选出一个小组负责人。

第二步：以小组为单位编写调研方案，确定调研内容、调研方法、调研人员及分工等事项。

第三步：实施调研。

第四步：讨论并撰写选址方案。

第五步：将选址方案制作成 PPT，由小组负责人进行展示。

第六步：教师进行点评。

活动检测

活动结束后，教师可根据表 7-2 进行评分。

表 7–2　探索活动评价表

评分标准	满分	实际得分	备注
能按要求进行调研	25 分		
选址报告结构完整、分析合理	25 分		
掌握了企业选址技巧	25 分		
PPT 制作精美、讲解清晰流畅	25 分		
总分	100 分		

能力训练

王女士想开一家服装店。她在选择店面地点时，非常犹豫不决。当时，该市城南地区已有许多服装店，竞争非常激烈；而城北地区则没有什么服装店，无竞争对手。王女士不知该如何决定。后来她到一个公园里游玩，看到公园里有一大一小两个钓鱼池，其中小钓鱼池周围围满了人，而大钓鱼池冷冷清清地只有两三个人。经过观察，她发现原来是小钓鱼池鱼多，不断有人钓上鱼来；而大钓鱼池鱼少，很少有人钓到鱼。王女士豁然开朗，很快就决定了创业地址。

思考：如果你是王女士，你会选择在哪开办服装店？为什么？

拓展延伸

1. 讨论不同企业组织形式的优势和劣势，思考自己会选择哪种组织形式进行创业。

2. 登录国家企业登记网，了解企业登记的流程、需要注意的问题和提交的资料。

3. 企业名称对企业来说非常重要，通俗易懂、朗朗上口的名称很容易被客户记住。请同学们运用头脑风暴法给自己的企业取一个名字。

7.2 企业制度的建立

创业问题

制度建设是企业得以科学化、规范化运行的基础。制度不完善会使企业人心涣散、人浮于事，因此，企业制度的建设是一项长期且重要的工作。在进行下面的学习之前，请同学们思考以下问题：

（1）企业为什么要进行制度建设？

（2）创业者应从哪些方面建立企业制度？

7.2.1 企业制度的概念及作用

企业制度是企业员工在生产经营活动中共同遵守的规定和准则的总称，是企业赖以生存的体制基础，也是员工的行为规范。任何一个成功的企业背后都有规范的、创新的管理制度做支持，以帮助领导者规范地管理企业的日常活动，保证各项工作能高效有序地进行。

7.2.2 企业制度的内容

1. 企业组织机构

企业组织机构建设是让组织中的成员共同劳动、相互协作，其目的为企业创造经济效益，达到预期目标。其职能是建立组织结构架构、规定组织职务职位、明确责任关系。企业组织管理主要体现在企业的组织结构框架设计（图 7-2）和管理制度上。没有规矩不成方圆，企业的规模不论多大，都必须有管理监督的相应制度。开始时企业制度可以简单些，但是随着企业的不断发展壮大，可不断对原有制度进行修订，以更好地为企业服务。

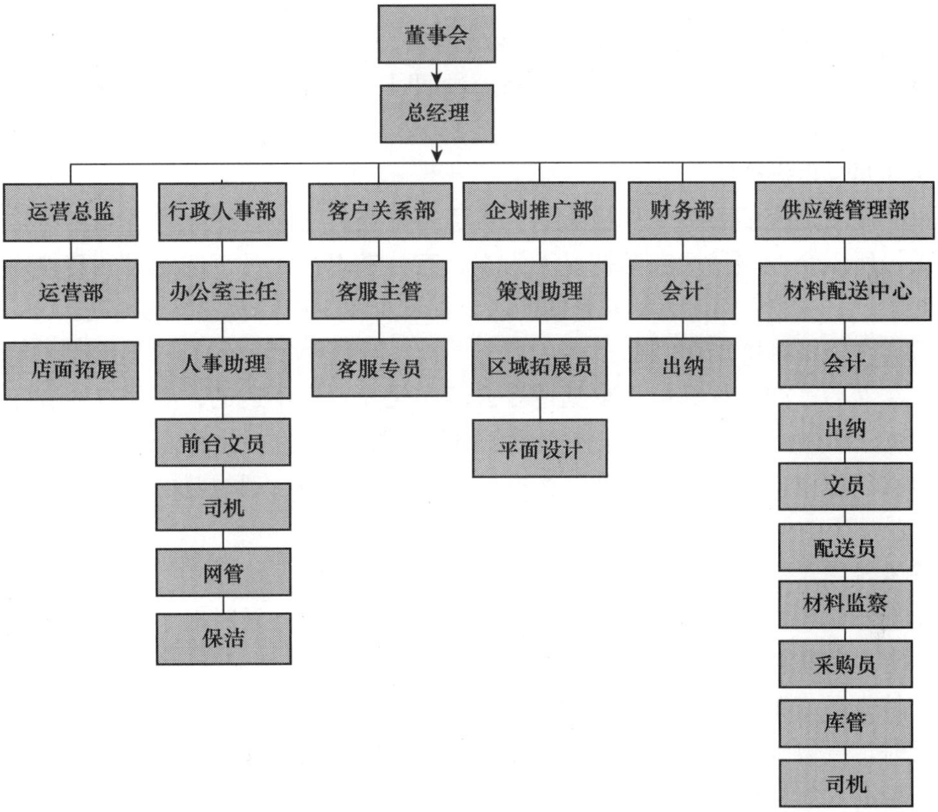

图7-2 企业组织结构图

2. 企业人事和行政管理

人事管理制度（出勤制度、员工聘用制度、员工学习制度、业绩考核制度、工资待遇制度、外出 / 出差人员管理制度）、行政管理制度（办公用品领用规定、车辆使用规定、文件收发规定等）。

3. 企业营销管理制度

营销管理制度包括销售计划书、年度销售计划管理办法、营销定价管理办法、降价出售管理办法、营销促销管理制度、市场销售人员管理制度等。

4. 企业财务管理制度

财务管理制度包括会计 / 出纳管理办法、现金收支管理方案、资金预算制度、资金运做管理办法、资金控制办法、应收账款票据管理办法、坏账处理办法等。

5. 企划管理制度

企划管理制度包括公关企划管理制度、品牌企划管理制度、广告企划管理制度等。

6. 企业质量管理制度

企业质量管理制度包括产品质量检查制度、质量检验标准、产品验证标准、不合格产品监审制度等。

7.2.3 企业制度建设的要点

1. 制度建设应切合实际

制定可行的制度，要从企业的实际情况出发，并结合现有制度和企业发展的需要，不能机械照搬或盲目引用其他公司的制度。如果制度不够完善，可先试执行一段时间，在实践中总结经验，并将其逐步完善。

2. 要求员工积极参与

企业的制度建设需要员工积极参与。员工是企业的一员，企业的各项制度也与员工切身相关，所以企业领导层应坚持以人为本，充分考虑企业员工的意见和建议来推进企业的制度建设，在建立和谐劳动关系的同时，促进企业生产经营效率的提高。

3. 完善考核机制和责任机制

制度建立后，如果仅靠员工自觉遵守去落实是完全行不通的，必须有一套完整的考核机制和责任机制。完善的考核机制和责任机制能提高制度的权威性，促进制度的执行。因此，落实制度应从“违反了制度怎么办”方面着手，用合理规范的考核机制和责任机制约束企业员工的行为。

4. 企业领导人要高度重视制度建设

企业领导应经常组织召开管理工作总结和分析研讨会，及时对不合理的管理制度进行修订，使其为企业未来发展做更好的保驾护航。

应当特别注意的是，制定管理制度时，要做到少而精，要做到公平、公正、公开。同时执行时，要做到奖罚分明，一定要兑现对员工的承诺。只有这样，员工才能更加积极地投入工作，企业才能健康有序地发展。

典型案例：企业制度建设

有一个传奇的企业家，从一无所有到亿万富翁，他是一个成功者；从亿万富翁到一无所有，他也是一个失败者：再从一无所有到亿万富翁，他更是一个东山再起者。他缔造了一个在中国乃至在全球经济史上都绝无仅有的传奇。

回顾他的创业经历，他认为以消费品为主的企业，特别是营销类的消费品的企业，企业制度的建设和管理的侧重点在于制度的建设。

20 多年前，他刚开始创业的时候，公司员工不过百人，也没有什么具体的企业制度，什么事都是老板说了算，还好经营比较顺利，没出过大问题。当公司员工达上千人以后，明显就出现了管理问题，企业制度的建设没有跟上企业发展的脚步。他第一次感到制度建设的必要性，于是就开始抓企业制度建设，先是制定了一系列很详细的企业制度，这些企业制度在表面上看都很合理，但实际都形同虚设，并不适合当时公司的发展。

后来，他意识到企业制度的建设离不开员工，所以他开始思考：员工到公司做事想得到什么？也许员工的追求可能有很多方面，不过一般最主要的有两个方面：一是员工能不能得到满意的薪水来改善生活状况；二是员工价值观能不能实现。

根据这两点基本要求，他重新制定了企业制度。

首先，打破"大锅饭"，以功劳论英雄，这样才能充分发挥员工的积极性。就像以前的土地承包责任制一样，人的主观能动性被调动起来，企业也就能健康发展了。

其次，企业制度要充分体现权利和责任的统一。其实，将权力、利益、责任充分合理授权下来，公司员工觉得有提升的空间。不必任何事情都向上级汇报，再由上级决策，然后员工再执行，执行结果再向上级汇报。员工在自己的权力范围内要做出利于公司发展的决定。若成功了，员工有成就感；若失败了，员工会吸取教训，增加经历，吸取教训。

最后，企业制度要简单化。公司制度越简单越好，员工看得懂，能理解，能有效执行最好。此外，员工操作越简单、越明了，才能更实用。员工才能有效地实行，产品才能生产，企业要制定一套科学合理的制度来服务发展。

【案例分析】

在企业经营过程中，企业制度是非常重要的方面，合理的企业制度能规范企业经营，调动员工的工作积极性，提高员工的凝聚力和执行力，提升公司整体的运营效率。

探索活动：制度建设对企业的重要意义

活动目的

使学生了解制度建设对企业的重要意义。

活动内容

请同学们参观当地的一家企业，了解该企业的组织结构、职能及运作方式，了解企业的管理制度。通过活动使学生对企业的内部组织机构、职能、生产经营特点、营销及制度管理有一个感性的认识。

具体实施步骤如下：

第一步：教师对学生进行分组，4 ~ 6 人为一组，选出一个小组负责人。

第二步：小组自行选择当地的一家企业进行参观。

第三步：观察各个岗位人员的工作情况，并进行记录；了解该企业的各项管理制度。

第四步：参观完后，以小组为单位写一份报告，分析企业的运营状况是否良好，企业的制度建设是否完善，有无需要改进的地方，若有请提出改进建议。

活动检测

活动结束后，教师可根据表 7-3 进行评分。

表 7–3　探索活动评价表

评分标准	满分	实际得分	备注
正确评价企业的运营状况	20 分		
正确评价企业的制度建设	20 分		
能指出企业存在的问题	20 分		
能针对问题提出有效的建议	20 分		
报告结构完整，分析合理	20 分		
总计	100 分		

能力训练

编写企业人事管理制度：

（1）员工招聘与录用制度。

（2）考勤制度。

（3）绩效考核制度。

（4）员工奖罚制度。

评分标准：

（1）制度结构完整、设计合理（40 分）。

（2）制度具有可操作性（40 分）。

（3）语句通顺、表述规范（20 分）。

拓展延伸

“制度好可以使坏人无法任意横行，制度不好可以使好人无法充分做好事。”你如何理解这句话？请同学们上网搜集一些相关的创业案例，谈谈制度建设在企业运行过程中的重要作用。

7.3 财务管理是保障

创业问题

创业者无论从事何种行业、经营何种业务，都会面临财务管理问题。由于企业的经济资源是有限的，迫使企业找出一条付出代价最小、收益最大的路，而财务管理则能较好地解决这一问题。在进行下面的学习之前，请同学们思考以下问题：

（1）企业应该如何建立公司的财务管理体系，从而控制公司在运营过程中的风险？

（2）企业可通过什么方式来减少企业的支出？

7.3.1 建立财务管理体系

1. 合理设置财务会计岗位

按照企业不相容岗位相分离的原则，合理设置相关财务工作岗位，明确职责权限，形成相互制衡的制度。不相容职位有授权批准、会计记录、业务经办、财产保管等。比如，从事采购业务的人员不得从事入库业务，有权批准采购的人员不能直接从事采购业务。

2. 建立授权管理制度

企业应明确规定涉及财务会计及相关工作的授权批准权限、范围、程序等内容。单位各级管理层必须在授权范围内行使职权和承担责任，经办人员也必须在授权范围内办理业务。

3. 建立财务会计制度

企业根据国家统一的会计制度和《会计法》，制定适应本单位的会计制度，把握会计工作流程，建立岗位责任划分制，并充分体现会计的职能。健全的财务会计制度是企业财务工作顺利进行的有力保障。

4. 做好现金流量管理

企业财务会计管理应该先关注现金流量，制定现金流量预算，并严格管理，以此做好现金流量控制。现金流量预算的编制采用“以收定支，与成本费用相匹配”的原则，按收付实现制来反映现金流入流出，经过企业不断汇总，就形成年度现金流量预算。

5. 做好成本控制

企业从原材料采购到产品的售出，都要控制成本。企业应提高生产产品的工艺来降低成本。成本的收益增减，是有利于提高效益成本控制的方案。

6. 做好财务风险控制

在企业初创期或成长期，应付账款和存货增长速度快，需要大量的运营资本。有效利用债务可以增加企业的收益，但如果企业经营不善，债务资金要支付的利息，就会加大企业破产倒闭的风险。因此，新企业要正确控制财务风险，企业运营才能稳步发展。

7.3.2 报税

纳税申报是指纳税人按照税法规定的内容和期限向税务部门提交有关纳税事项书面报告的法律行为。

1. 纳税申报的对象

纳税申报的对象为纳税人、扣缴义务人。应当正常履行纳税义务的纳税人，按照规定在纳税期内应缴税款或者享受减免税待遇的，也应当办理纳税申报。对取得临时应税收入或临时发生应税行为的纳税人，也应当办理纳税申报和缴纳税款。

2. 纳税申报的相关材料

纳税申报的有关资料有各税种的纳税申报表、代扣代缴税款报告表、代收代缴税款报告表、财务会计报表及其说明材料，以及其他税务机关规定应当报送的其他有关证件、资料。

3. 纳税申报的方式

纳税申报的方式主要有网上申报、上门申报、邮寄申报、数据电文申报四种。

网上申报：实行自核自缴，且有网上条件的纳税人，经主管国家税务机关批准，可以采取网上申报。

上门申报：纳税人、扣缴义务人、代征人应当在纳税申报期限内到主管国家税务机关办理纳税申报、代扣代缴、代收代缴税款或委托代征税款报告。

邮寄申报：是经税务机关批准的纳税人用特快专递专用信封，由邮政部门办理寄送手续，并以邮政部门收据作为申报凭证的纳税申报方式。邮寄申报以寄出的邮戳日期为实际申报日期。

数据电文申报：指纳税人以税务机关确定的电子数据交换和网络传输等方式进行纳税申报。

4. 延期申报管理

纳税人不能按期办理纳税申报或者报送代扣代缴、代收代缴税款报告表，经税务部门批准，可以延期申报。经核准延期办理纳税申报的，要在纳税期内按照上期实际缴纳的税额或者税务机关核定的税额预缴税款，并在核准的延期内办理税款结算。

7.3.3 节税

节税是指纳税人在不违背税法立法精神的前提下，通过充分利用税法中固有的起征点、减免税等一系列优惠政策，以税收负担最低的方式来处理财务、经营、交易事项。作为企业的财务人员应了解并掌握合理节税的方法，这样才能够为企业减少不必要的支出，切实增加企业的经济利益。

1. 企业设立阶段节税的重点

在企业设立阶段，节税时主要考虑的因素有以下四点：

（1）国家的税收优惠政策。国家为鼓励创业和实现税收调节功能，会设置税收优惠条款。创业者如果能充分利用税收优惠条款，就可以享受节税带来的好处。

（2）企业注册地及设立地的选择。在企业设立之时，创业者应根据各地区不同的税收优惠政策，选择最优的企业注册和设立地点。

(3) 组织形式及规模的选择。对于个人独资、合伙制与公司制这三种不同的企业组织形式，创业者应考虑与之相适应的税负状况及企业经营战略，选择对企业最为有利的组织形式。个人独资和合伙制企业中投资人承担无限责任，而公司制企业中投资人负有限责任，因此，在实际操作过程中，创业者多会选择公司制企业形式。

(4) 增值税两类纳税人的选择。增值税纳税人分为一般纳税人和小规模纳税人，两种纳税人身份不同，所涉及的收入、税率等一系列具体问题也不同。一般纳税人的增值税基本适用税率为 13%，少数几类货物适用 9% 的低税率，一般纳税人允许进项税额抵扣。而小规模纳税人适用 9% 的征收率，且不得抵扣进项税额。在一般纳税人与小规模纳税人的选择上，创业者应综合考虑自身经营的特点，选择相应的纳税人身份。

2. 企业筹资阶段节税的重点

创业者创业初期，难以满足金融机构的贷款条件，发行股票债券又有相当严格的限制条件，以传统融资方式来筹集资金对企业并不适用，因此，创业者在创业过程中，筹资阶段税收筹划的重点应转向非金融机构借款、商业信用、租赁、短期借款等方式上。

3. 企业经营阶段节税的重点

企业经营过程中会涉及很多种税，对企业影响比较大的主要有增值税、企业所得税和个人所得税。因此，创业经营阶段税收筹划的重点应放在这几个最为重要的税种上，选择合适的方式进行节税策划。

典型案例：资金分摊问题

在深圳有一家知名企业，其在全国各地市拥有多家销售子公司来销售他的产品。一次，北京、广州、上海的三家子公司派代表到深圳总部开会。开会就会产生会务费，此次会务费为 10 万元人民币，现在的问题是如何将这笔会务费分摊给北京、广州、上海三个子公司。

很多人认为，应该按照参会人数来分摊，因为来的人多，承担的成本就多，来的人少，承担的成本就少，这就错了。最好的成本分摊方法是作业成本法，就是按照因果关系分摊。看它的具体动机，应该是开会的时长。比如说北京子公司来两个人开会，开了 10 个小时比较长的会，上海子公司来了 10 个人开会，但只开了一个小时的短会，那么再用人头摊成本的话，明明是北京的成本都给了上海，形成的结果是明明北京分公司来开会的人员形成的成本更高，报表显示其成本比较低，上海分公司此项成本比较低，报表显示它的成本反而高，这样报表就失去真实性，基于这样的报表，来决策分析报价都会失真，这就是成本分摊分析的重要性。

【案例分析】

资金分摊问题看起来容易，但其中有很大的学问，只看表面的数据，是无法真正了解实际情况的。从这个案例中，我们可以得到一个结论，即企业财务管理是一个重要且细致的工作，一点都马虎不得。

探索活动：公司账务管理体系分析

活动目的

使学生能根据所学知识分析企业存在的财务问题。

活动内容

走访几家新开办的公司，从账务管理的角度来分析他们设立的财务会计岗位是否合理，财务会计制度是否健全，是否有规范的现金流量预算控制、应收账款控制、成本控制和财务风险控制等。写出 1 000 字左右的分析报告。

要说明以下情况：

（1）公司名称、开办地点、公司开业时间、人员构成情况、公司性质、所属行业、主要业务。

（2）公司开办以来的缴税情况。

（3）公司的现金流预算控制情况。

（4）公司的应收账款控制情况。

（5）公司的成本控制和风险控制情况。

（6）你认为公司财务管理还可以从哪些方面进行改进?

活动提示

（1）学生可以自己住所附近的新创企业为对象，通过自己的观察、访问了解其基本财务管理情况。

（2）可以查阅文献、咨询专家，也可网上搜索相关资料。

（3）对于涉及企业商业秘密的数据不用写得太过具体。

活动检测

活动结束后，教师可根据表 7-4 进行评分。

表 7–4　探索活动评价表

评分标准	满分	实际得分	备注
按要求实施访问	20 分		
按要求撰写分析报告	20 分		
报告分析准确、合理	20 分		
积极参与活动	20 分		
其他	20 分		
总计	100 分		

能力训练

搜集国家或地方政府对创业活动的扶持政策，并从中筛选出你可能会用到的政策。

评分标准：找到的优惠政策越多得分越高。

拓展延伸

分析企业资金管理经常出现的问题，根据拟创办企业的自身情况，制定企业现金管理和使用制度，制定企业成本控制的有效措施。

要求：

（1）了解企业所属行业的资金运作特点。

（2）通过网络等途径搜集相关行业企业的资金运作情况。

（3）讨论同行企业的资金运作特点，总结其有哪些经验可以借鉴。

7.4 建立品牌，确定客户

创业问题

随着市场经济的迅猛发展和社会竞争加剧，市场上同质化产品越来越多。在琳琅满目的商品面前，客户更钟情于品牌产品。因为企业在建立品牌之初就赋予其更多的内涵——高档的、质优的、时尚的等，描绘的均是客户理想或是期待中的产品印象。因此，创业者在创办企业时，应把品牌建设作为长期目标来追求。请同学们思考以下问题：

（1）什么是品牌？

（2）你所熟悉的品牌有哪些？这些品牌的产品有什么特色？

（3）创业者如何创建属于自己的品牌？

7.4.1 企业品牌的建设

品牌是一种名称、标记、符号或设计，也可以是它们的组合运用。其存在目的是借以辨认某个销售者或某个销售群体的产品或服务，并使之同竞争者的产品或服务区别开来。品牌建设包含品牌定位、品牌元素设计和营销策略三个方面的内容。

1. 品牌定位

品牌定位是为某个品牌确定一个适当的市场位置，使产品在客户的心中占有一个特殊位置。即当客户产生相应需求时，能立刻想到该品牌。就像在炎热的夏天感到口渴时，就会想到“可乐”。可以说，品牌建设是品牌经营成功的前提。

1）品牌定位的关键点是“抓住客户的心”

客户有不同类型，不同消费层次，不同消费习惯和偏好，客户的需求不是一成不变的。企业应根据时代的特点、产品发展的趋势、客户的新需求产生新的品牌定位。品牌定位的关键是唤起客户内在的需要，把握客户的心。

2）品牌定位的核心是“差异化”

品牌要吸引客户的注意力，就必须塑造差异，只有与众不同才能从众多同类商品中脱颖而出。

如果一个品牌要让客户从心里接受，就得有胜过其他品牌的亮点。许多国外知名品牌也是因具有某些差异化亮点而成为名牌的。例如，奔驰汽车以“高贵、王者、显赫、至尊”驰名，宝马则以“纯粹的驾驶乐趣”而为人称道。所以说，每一个品牌都必须充分挖掘自身产品的差异化特点，以吸引客户的注意力，使客户在有相关的需求时就会想到它。

2. 品牌元素设计

品牌元素包括品牌名称、标识、广告语等。

品牌名称：是代表品牌的核心元素，是让目标客户对品牌形成认知的关键点。一个好的品牌名称可以传达品牌的核心价值，并能为企业节约大量的宣传费用。例如，“肯德基”“香奈儿”就具有极强的品牌价值。

品牌的标识：指运用特定的视觉语言来表达或象征某一产品的形象。品牌标志是重要的传播因素，对于消费品和服务类产品来说更是如此。

广告语：品牌的广告语是用于产品营销宣传的关键元素，广告语要将产品的最大特点或用途提炼出来以传达给消费者，因此必须朗朗上口，甚至可以成为流行的时尚语言。例如，雀巢咖啡的广告语“味道好极了”等。

3. 品牌营销策略

创建一个品牌，还需要关注与品牌有关的营销策略，主要包括产品策略、价格策略、渠道策略和促销策略等四个方面。

1）产品策略

（1）产品包装应突出品牌特点。产品包装被称为“五秒钟的商业广告”。企业设计产品包装时，需要以颜色、形状和材料等要素突出自己的品牌特点，形成视觉上的差异，并引导客户产生积极的品牌联想。

（2）产品性能和用途要突出。为了让产品被市场认可，应在新产品开发前，考察同类产品的技术含量和性能用途，保证新产品的先进性和使用性。

（3）产品质量要有保证。新产品要得到客户的认可和信任，就要有产品质量保证。

2）价格策略

价格在企业的营销过程中是一个很敏感而又难以控制的因素。较低的定价会让客户对产品的质量产生怀疑，较高的定价又不能打破客户已经养成的购买惯性。因此，企业需要合理定价，才能减少产品在营销过程中的阻碍，增加品牌构建的成功率。

3）渠道策略

渠道策略是企业营销和品牌构建的重要组成部分，它对降低成本和提高品牌竞争力具有重要意义。

（1）渠道战略决策。企业要考虑渠道是自建还是借用现成渠道。绝大多数企业都会考虑借用现成渠道。对几乎所有快速消费品行业，企业都是借用外部渠道。当企业品牌发展到一定程度，可能会自建销售公司和品牌专卖店。

（2）渠道系统设计。企业要设计一套适合自身的渠道方案，应该树立品牌先行的思想。就是先打造品牌的渠道，再做提升销量的渠道。由于企业的产品对客户来说是不熟悉的，需要为客户提供介绍、展示、试用等渠道服务，这类就是可以打造品牌的渠道。

（3）营销渠道管理。企业要对营销渠道进行长期的管理和维护，持续改进渠道绩效。

在对渠道成员的选择上，要选择合作意愿强烈和口碑不错的渠道成员为合作伙伴。对渠道成员销售能力应进行培训，并制定一套激励措施，定期给予渠道成员一定的激励。对绩效优异的渠道成员进行奖励和经验推广，对于业绩不理想的渠道成员，则寻找原因加以改进甚至予以更换。

4）促销策略

促销也是企业营销和品牌构建的重要手段。制定合理有效的促销策略有助于加速品牌的构建。促销策略主要包括广告促销、营业推广和人员销售等。

（1）广告促销。广告是通过一定媒体的运作介绍商品特性，从而激发客户对商品的兴趣，促进产品销售而产生的一种行为和手段。

比较常见的广告形式有电视广告、网络广告等。电视广告表达性好，是展现并演示产品的最有效方式，但生产费用很高。网络广告是一种很好的促销方式，不限于某一地域范围内或当地市场。此外，广告形式还有宣传册和传单、时事通讯、黄页等。

（2）营业推广。营业推广是企业在一定的时机或者特定地点，采用特定手段对客户进行产品促销，促使产品销售额迅速增长的促销方式。其手段主要有免费赠送试用品、发放折扣券、进行有奖销售等。

（3）人员销售。人员销售是企业销售人员直接同目标市场或客户建立联系、传递信息、促进商品和服务销售的活动。为形成有效的销售活动，销售人员必须对目标市场和客户信息进行调研，搜集客户的有关资料，以便在面对面的销售中更有针对性。

7.4.2 确定目标客户

企业品牌建设的首要工作是找到产品或服务的目标客户。在企业确定目标客户时，最怕的一句话就是“老少皆宜”——产品或服务谁都合适。也许你的企业在经过长期发展壮大后，能使每个人都成为你的客户。但是，在企业创建初期，这是绝对不可能的。

因此，企业必须将市场细分，将目标客户精确到某一类型的客户。例如，可口可乐公司将其目标客户定位为年轻人；苹果公司将其目标客户定位为追求时尚的年轻人、白领和商务人士。

市场细分以地理位置、人口密度、心理特征和行为习惯为主要依据，基本形式有地理细分、人口细分、心理细分和行为细分四种。

（1）地理细分：因地域差异，客户有着不同的生活习惯、民族信仰、风俗民俗等，其需求也是不一样的。可据此将市场分为不同的地理单位，可以是国家、省（区、市）、县、居民社区等，也可以是北方和南方、东部和西部等。比如，北方比较干燥，而南方比较潮湿，因此，加湿器的目标客户主要是北方的居民。

（2）人口细分：人口细分的依据主要有年龄、性别、家庭结构、收入、职业、教育程度等因素。

（3）心理细分：根据客户的社会地位、生活方式和个性特征对市场进行的细分，可能显示出不同的心理特征。例如，一家婚纱摄影店就根据客户心理特征，将顾客分为现实主义者、古典浪漫主义者、新潮时尚者和多愁善感者四种类型，并有针对性地向顾客推荐不同的婚纱摄影套系。

（4）行为细分：依据客户对品牌的认知、态度和使用等行为特点来对市场进行细分。主要有以下几个因素：

①消费时机：客户购买或使用产品的时间特性，如人们会在生日时购买生日蛋糕。

②使用频率：客户对产品是偶尔使用还是经常使用。

③购买利益：产品价格是否便宜、是否实用方便、是否潮流时尚等。

④使用者状况：初次使用、从未使用、经常使用、潜在使用者。

典型案例：从T恤到儿童绘画培训

在2011年创富大赛上获得“特色产业项目奖”的何先生是一个典型的青年创业者。艺术设计专业出身的他，早在上学时就利用自身专业知识，创办了属于自己的手绘工作室，从手绘T恤简单产品起步，逐渐将一个青年学生社会实践项目变成了自己的第一次创业。

2007年，何先生偶然看到街上一个打扮新潮的女孩脚上穿着一双手绘鞋，顿时产生了浓厚的兴趣。“我是学艺术设计的，做手绘没有太大难度，既然有人喜欢，应该有市场。”凭着这种直觉性的判断，何先生成立了自己的手绘工作室，从最简单通行的手绘T恤开始进行创作。

起初，他并不知道如何为自己的手绘T恤做推广，就把画好的T恤穿在自己身上，在学校里来回地走，以吸引周围同学的注意。慢慢打开校园市场后，他发现周围越来越多的同学喜欢在网上购物，又萌生了开淘宝网店，把生意做到学校以外去的想法。

但是他毕竟还是一个在校学生，他找来师弟师妹，无论是创作手绘产品、运营网店还是包装发货都从零开始做起。第一个月淘宝店的销售额就达到了3 000元，第二个月增至5 000元。

2008年，他申请了广东省中山市青年创业基金，加入创业大军的行列。在成功申请到第一批创业基金5万元，并用这笔钱在商业街租下一个6 m^2 大小的店铺之后，何先生终于将淘宝店上的生意延伸到了线下实体店。

从“学生”到“创业者”身份转变的何先生，开始思考如何将手绘经营下去。他说过去参与青年学生社会实践项目，更多地是为了积累社会经验，所以并不会对产品的品类选择、如何创意手绘价值等考虑太多。但现在，既然要将自己的手绘产品作为一个品牌来经营，就必须让它与市面上其他的手绘产品形成差异，突出特色。为了重新进行品牌定位，何某决定关闭淘宝店，专注于线下实体店经营。

让人难以理解的是为什么要放弃开得好好的淘宝店？何先生的解释是，虽然在决定关闭淘宝店之前，这块业务每月能为公司带来数万元的销售收入，但他也明显感觉到在那个鱼龙混杂的平台上，自己的产品很难与其他主打低价的手绘产品形成差异化竞争，并获得客户的认可。与其同样走低价策略，不如先收缩回来，打造自己的产品竞争力。

为此，何先生结合中山的古镇文化和特色产业，如古镇灯具、家具等，研发新的手绘产品和手绘墙服务，首先在手绘图案的设计来源上，与其他以卡通漫画或个性人像为主题的手绘作品区分开来。

另外，他还瞄准儿童市场，将 DIY 手绘与绘画培训结合起来，成立创意 DIY 主题乐园，继续培育手绘艺术的潜在市场。目前，何先生的手绘培训机构已有 200 余名学生，开发了与绘画相关的各种动手动脑、开发创意思维的家庭娱乐项目。

何先生尽管从毕业成立公司至今已创业四年，但如何开发出独具特色的手绘产品，他仍在不断摸索之中。由于毕业就加入创业大军，何先生缺乏在大公司里的工作经历，刚成立公司时，到底该设置哪些部门他都不是很清楚。现在，用他自己的话来说，自己从不会看着别人的成长轨迹订立自己的目标，对自己的要求很简单，就是每年都能看到自己与上一年相比的成长。

【案例分析】

无论在任何领域里，要真正建立起一个品牌都需要经历长时间的积累。何先生选择关闭淘宝店铺，而坚持不懈地走线下实体店经营的道路，主要是为了突出其核心竞争优势，避免低价竞争。在手绘图案的设计来源上，他不断创新，致力于开发独具特色的手绘产品，这些使其创业之路越走越顺畅。

探索活动：如何建立公司品牌

活动目的

使学生了解品牌建设的核心，并能为拟办企业创建品牌。

活动内容

假设你要创办一个企业，你将如何创建自己的品牌？请将你的想法填写到表 7-5 中。

表 7–5　建立公司品牌的策略

目标客户	核心产品	产品特色	价格策略	渠道策略	促销策略	其他

活动检测

活动结束后，教师可根据表 7-6 进行评分。

表 7–6　探索活动评价表

评分标准	满分	实际得分	备注
目标客户判断正确	20 分		
所选取的产品有特色（差异化）	20 分		
能制定合理的价格策略	20 分		
能制定合理的渠道策略	20 分		
能制定合理的促销策略	20 分		
总分	100 分		

能力训练

1. 寻找目标客户。试对某一企业或产品的目标客户进行分析，并制订新客户开发计划和实施方案。学生可以 3 ～ 5 人为一组进行讨论。

评分标准：

（1）能准确分析目标客户（30 分）。

（2）能根据目标客户的特点制订新客户开发计划（30 分）。

（3）实施方案具有可行性（40 分）。

2. 不知从何时开始，女孩们买衣服的习惯悄悄地发生了变化：首先，网购的品种和数量越来越多了。其次，购物的方式也变了。很多女性在网上看到一件品牌服装，但是对面料、是否合身还拿不准时，就会来到该品牌实体店，根据自己在网上看到的服装，按图索骥地找到这件服装，然后试衣，挑选，最后再到网上购买。因此，当网购的服装寄来之前，她们已经知道对这件衣服自己肯定很满意了。

问题：

（1）你认为互联网时代的购物方式与传统购物方式有哪些不同？

（2）女性为何有上述购物行为？请分析说明这种购物行为的心理基础。

（3）给未来品牌服装设计一个新的营销模式，并说明其中的道理。

拓展延伸

故事背景：“品茶咖浓香，论茶咖之道。”由 CCTV-7《每日农经》栏目承办的第二届“国际茶咖对话”在杭州国际博览中心隆重举行。农业农村部副部长、浙江省农业厅厅长、加纳食品与农业部长、俄罗斯茶咖委员、国际茶叶委员会主席，及国内外知名茶咖生产商、采购商、知名文化学者等人进行了精彩对话，现场近千人参与此次“国际茶咖对话”。

话题多以文化、茶艺、营销案例为切入点，精心编排，讲述每种名茶和咖啡的亮点，以及优秀企业的成功经营理念，对话过程中采取各种茶和咖啡现场制作或者展示的方式，让来宾亲自体验和品评互动使对话高潮不断，增强了现场的艺术性。

“一带一路”茶贸更繁荣是对话的环节。主要从经贸层面体现出中国新一代产茶人的新生力量，探讨如何运用国际思维让中国茶与世界需求对接，运用新品种、新技术、新设备、新业态，培育塑造茶叶知名品牌，促进茶产品营销，传承推广茶文化，打造“茶和世界，共享发展”的新理念。

从营销层面探讨中国茶如何依托自身优势和借鉴世界知名咖啡品牌的营销思路，不仅做大做强茶产业，还要打造更多大品牌和建设有效渠道，让中国茶香飘万里，让世界爱上中国茶。

请思考以下问题：

（1）中国茶是如何打造自身品牌效应的？

（2）“茶香送远方”主要从营销层面探讨中国茶如何依托自身优势和借鉴世界知名咖啡品牌的营销思路。你认为中国茶未来的发展方向是什么？

7.5 合法生存是要务

创业问题

在创建和经营企业的过程中，创业者必须了解和遵守有关法律法规，如《中华人民共和国劳动法》《中华人民共和国反不正当竞争法》《中华人民共和国产品质量法》等。这些法律法规不仅可以约束创业者及其企业，而且可以确保创业者及其企业自身，以及他人的利益不受侵害。在学习之前，请同学们思考以下问题：

（1）约束企业的法律和法规有哪些？

（2）企业在经营过程中应如何遵守这些法律法规？

7.5.1 劳动法

劳动法是为了保护劳动者的合法权益，调整劳动关系以及与劳动关系有密切联系的其他社会关系，建立和维护适应社会主义市场经济的劳动制度，促进经济发展和社会进步的法律规范总称。

《中华人民共和国劳动法》保障了劳动者的合法权益，同时也维护了用人单位的利益。但在现实生活中，大多数创业者对劳动法的所知甚微。创业者若想自己的企业能有长久的发展，还是应该仔细研读劳动法，并按照该法律的规定给予劳动者以必要的保障，这也是展现企业以人为本、合法经营的最佳途径。

7.5.2 公司法

公司法是为规范公司的组织和行为，保护公司、股东和债权人的合法权益，维护社会经济秩序，促进社会主义市场经济的发展而制定的法律。

公司法中说的“公司”是指依照该法在中国境内设立的有限责任公司和股份有限公司。不论公司是大是小，其生产经营活动都离不开法律的保障，公司法对公司的设立程序、组织机构、活动原则以及其对内对外关系进行了规范，不但保护了企业及其相关人员的合法权益，而且起到了稳定社会经济秩序、促进市场经济发展的作用。

7.5.3 知识产权法

知识产权是人们对自己的智力劳动成果所享有的专有权利，包括著作权、专利权、商标专用权、发明权等。知识产权法是指调整知识产权的归属、行使、管理和保护等活动中产生的社会关系的法律规范的总称。

1. 著作权和著作权法

著作权也叫版权，是指作者对其创作的文学、艺术和科学技术作品所享有的专有权利。著作权包括发表权、署名权、修改权、保护作品完整权、复制权、发行权、出租权、展览权、表演权、放映权、广播权、信息网络传播权、摄制权、改编权、翻译权、汇编权等。

著作权法是指国家制定或认可的，调整由文学、艺术和科学作品产生的社会关系的法律规范的总和 。著作权人行使著作权时，不得违反宪法和法律，不得损害公共利益。

2. 专利权和专利法

专利权是指国家依法授予专利人对其专利产品在一定期限内所享有的专有专用的权利。专利权具有时间性、地域性及排他性。

是为了保护专利人的合法权益，鼓励发明创造，推动发明创造的应用，提高创新能力，促进科学技术进步和经济社会发展而制定的法律。

专利法规定的专利类型有发明专利、实用新型专利和外观设计专利三种。申请发明或实用新型专利的，应当提交请求书、说明书及其摘要和权利要求书等文件；申请外观设计专利的，应当提交请求书、该外观设计的图片或者照片及对该外观设计的说明性文档。目前，专利权的保护期限自申请日起计算，发明专利权的期限一般为 20 年，实用新型及外观设计专利权的期限一般为 10 年，自申请之日起计算。

3. 商标专用权与商标法

商标是由文字、图形、字母、数字、三维标志、颜色组合和声音、气味等，以及上述元素的组合构成，是用来区别不同商品生产者或者经营者所生产或经营的类似商品或服务的显著标记。商标专用权是指商标主管机关依法授予商标所有人对其注册商标受国家法律保护的专有权，包括商标注册人对其注册的商标的排他使用权、收益权、处分权、续展权和禁止他人侵害的权利。

商标法是指调整商标在注册、使用、管理和对商标专用权的保护过程中所发生的各种社会关系的法律规范的总称。商标法规定，自然人、法人或者其他组织在生产经营活动中，对其商品和服务需要取得商标专用权的，应当向商标局申请注册。注册商标的有效期为 10 年，自核准注册之日起计算。

7.5.4 反不正当竞争法

不正当竞争是指经营者以违反商业道德的手段从事商业活动，损害其他经营者的合法权益，扰乱社会经济秩序的行为。反不正当竞争法是禁止以违反诚实信用原则或其他公认的商业道德的手段从事市场竞争行为，维护市场秩序的法律规范的总称。

不正当竞争行为常见的表现形式有假冒名称和商标、暗中行贿、滥用职权、侵犯秘密、弄虚作假、网络作弊、有奖坑骗、损害名誉、串通投标等。

7.5.5 产品质量法

产品质量法是调整产品质量监督管理关系和产品质量责任关系的法律规范的总称。目的是加强对产品质量的监督，提高产品质量，明确产品责任，保护消费者的合法权益，维护经济秩序。

根据产品质量法的规定，企业应当对其生产的产品质量负责；产品或者其包装上的标识必须真实；有质量合格证明，有名称、厂名、厂址，有生产日期；易燃易爆、有腐蚀性、有放射性等危险物品以及储运中有特殊要求的产品，其包装质量必须符合相应要求，依照国家有关规定做出警示标志或者中文警示说明，标明储运注意事项；不得生产国家禁止、淘汰的产品；不得伪造产地，不得伪造或者冒用他人的厂名、厂址；生产者不能冒用认证标志和质量标志；产品不得以假充真，不得以不合格产品冒充合格产品等。

典型案例：创业“触礁”记

“没想到我们第一次创业就这样草草结束了，真的是很受打击。”长沙小谢等三名初出校门的青年学生向《百姓呼声》栏目发帖，讲述自己初次创业的坎坷经历。

小谢说，他和另外两个同学均毕业于湖南某职业学院，因觉得现在的工作不好找，于是决定自己创业。经过一段时间的考察，他们看到解放西路周边酒吧和 KTV 比较多，便计划在此开一家烟酒行。他们看中了解放西路 317 号门面房，于是小谢和房东签订了两年（2018 年、2019 年）的租房合同，租金每月 1 500 元。合同签订后，小谢抓紧时间装修店铺，烟酒行终于赶在 4 月底开业。“装修那段时间真的很辛苦，没日没夜地干活，但是我们充满了激情。”小谢说。

不料，烟酒店刚开业不到半个月，街道办事处就张贴拆迁公告，告知商户和居民此处即将拆迁。这份拆迁公告让小谢他们愁云惨淡：“我们装修费花了 3 万多元，这些钱可都是我们父母的血汗钱。”同时，他们也质疑房东“为何在拆迁一个月前把房子租给他们”。对此，房东的解释是“自己也不知道要拆迁”。

小谢他们损失的门面装修费、房租费、经营损失费等，究竟应该由谁来承担？律师对此分析，根据相关法律规定，小谢可要求房东返回房租，至于门面装修费、经营损失费等，应该由拆迁方来补偿。

【案例分析】

青年创业者缺乏社会阅历是制约他们创业的最大“短板”。青年学生社会经验不足，考虑问题不周全，所以在创业前应多学习一些法律法规，创业前最好向专业人士咨询，做好充分的调研准备，以免刚起航就触礁。

探索活动：谈谈合法经营的重要性

活动目的

使学生懂得合法经营的重要性，培养学生的合法经营意识。

活动内容

请同学们上网搜集一些创业案例，谈一谈企业合法经营的重要性。具体操作步骤如下：

第一步：教师将学生分组，3 ~ 5 人为一组，选出一个小组负责人。

第二步：每组上网搜集 3 ~ 5 个创业案例，包括合法经营和违法经营的案例。

第三步：小组成员结合案例，讨论合法经营的重要性，并写一份 500 字左右的分析报告。

第四步：将分析报告制作成 PPT，然后由小组负责人上台进行演示。

第五步：教师进行点评。

活动检测

活动结束后，教师可根据表 7-7 进行评分。

表 7–7　探索活动评价表

评分标准	满分	实际得分	备注
参与积极讨论	20 分		
案例典型、有说服力	20 分		
报告分析合理	20 分		
PPT 制作精美	20 分		
演示者表达清晰	20 分		
总分	100 分		

能力训练

1. 确定一个创业项目，模拟企业注册及制度建立等事项，具体操作如下：

（1）选择实验组，4 ～ 6 人为一组，以小组为单位完成实践。

（2）模拟注册企业。填写注册企业所需要的各种表格。

（3）完成公司制度建设，包括组织机构设置、人事和行政管理制度、营销管理制度、财务管理制度和企划管理制度等。

（4）创建自己的品牌，并模拟进行产品开发、营销推广等。

（5）撰写实践总结报告，内容包括实践心得及体会。

2. 阅读下列材料，回答文后问题。

徐先生一直有创业雄心。2010 年，一次偶然的机会，他发现网上有套幼儿识字软件不错，徐先生有了自己创业的点子——徐某结合网上的这套幼儿识字软件，经过编程和修改，很快做出自己的“作品”。徐先生把他制作的“产品”在网络上销售，没想到出乎意料地红火。

2013 年下半年，客户朱老师联系徐先生，建议编一套软件的配套教材。徐先生觉得非常有道理，便邀请这位老师帮他编教材，很快 5 册教材就编好了。徐先生没有申请出版号，直接找了一家印刷公司将书印制出来，并和原来的软件组成大礼盒一起销售，售价为 600 多元。

这套大礼盒很畅销，两年不到就有了 30 多万元的营业额。正当徐先生初尝创业喜悦时，2015 年 12 月底，文化行政执法部门联合公安机关对其办公场所进行了突击检查，查获了大量还未销售的书籍。当地检察院以非法经营罪对其提起公诉。

思考：徐先生为什么会创业失败？面对这种情况，他该怎么办？

拓展延伸

请同学们上网查找《中华人民共和国民法典》《中华人民共和国劳动法》《中华人民共和国著作权法》《中华人民共和国专利法》《中华人民共和国商标法》《中华人民共和国产品质量法》等法律法规，掌握相关法律知识。

本章总结

本章主要讲述了以下几个方面的内容：

- ❑ 创建企业的相关知识，包括组织形式的选择、营业场所的选择、申办企业的流程等。
- ❑ 企业制度建设相关问题，包括企业制度的作用、内容和建设要点等。
- ❑ 企业财务管理相关内容，包括财务管理体系的建立、企业如何报税和节税等。
- ❑ 企业如何建立自己的品牌，如何确定目标客户等相关知识。
- ❑ 创建和经营企业时，必须了解和遵守有关法律法规，如《中华人民共和国民法典》《中华人民共和国劳动法》《中华人民共和国反不正当竞争法》《中华人民共和国产品质量法》等。

第8章

驶入创业轨道

本章目标

- ❑ 了解企业社会责任的内涵
- ❑ 理解创建企业文化的重要性，并掌握创建企业文化的方法
- ❑ 理解创新对企业的重要性，掌握创新经营的内容，能够针对企业经营中出现的问题提出创新措施

自我思考

创业者完成企业注册、制度建设、品牌策划、营销策划等一系列工作后，接着面临的问题是明确企业的社会责任、创建企业文化、实施创新经营，以使企业驶入创业快车道。请同学们思考以下问题：

（1）企业在经营过程中应承担哪些社会责任？

（2）很多企业特别重视文化建设。你知道什么是企业文化吗？它有什么作用？

开篇故事：筷子的“浴火重生”

据统计，我国每天消耗一次性筷子两亿多双，大部分使用过的筷子都被当作生活垃圾处理掉，资源利用效率极低。而温哥华一家公司，却靠回收并再利用一次性筷子，年赚100万美元。一双双竹筷子在这家公司的重塑下“浴火重生”，它们被清洗干净，注入树脂，200 ℃高温消毒，压成片板，制成家具和装饰品。这家公司起初只在温哥华的亚洲餐馆回收筷子，许多老板对其行为表示质疑，而一旦了解到其工作能够减少垃圾、保护环境，还能降低餐厅的废弃物处理成本，便很愿意免费提供筷子。后来这家公司在一些美食广场和餐饮店附近设立回收点，餐饮企业也积极参与其中。

该公司的最终产品线包括厨房餐具、墙壁饰品、桌子、楼梯、便携道具等。针对大件家具的制作，该公司发明了一种液压机，这种机器可将大量的筷子压缩成木板作为基础模块，再组装成新的家具。多余的残渣可以做成杯垫等小产品。除了零售，该公司还提供家具定制服务，还为化妆品公司提供木质包装，帮助酒店和别墅进行翻新工程，与家居品牌合作推出环保置物架。

从某种意义上来说，创新是企业经营的法宝，该公司以创新结合资源再利用，既保护了环境，又开创了美好的事业。该公司的商业模式也许会给国内企业带来一些启发。

8.1 企业的社会责任

创业问题

有些创业者认为，创业的目的就是最大化地获得利润，其他的都不用考虑。其实不然，如果只顾自己的利益，不顾环境的发展、职工的健康、消费者的利益，企业就很难长久发展下去，所以，企业除了关注自身发展，还要注意对社会的影响。

请同学们思考以下两个问题：

（1）企业应担当哪些方面的社会责任？

（2）企业应怎样担当社会责任？

8.1.1 企业要诚实守信

作为企业应具有诚实守信的经营态度，丢失诚信，就会影响市场经济的正常运作。当然有许多企业不能诚实守信，出售假冒伪劣商品，这样就给消费者带来很多的损失。为了保护人民群众的利益，维护市场正常秩序，企业必须确保产品货真价实，树立诚实守信的社会责任感。

8.1.2 企业要科学发展

企业不仅要营利与发展，还负担依法纳税的光荣职责；企业应该肩负起科学发展的重任，促进市场经济稳定发展，按照国家要求，以经济发展为中心，扩大生产规模。所以企业的发展观必须是科学发展，不能只顾眼前利益。

8.1.3 企业要持续发展与节约资源

我国是人均资源十分紧缺的国家，节约资源才能可持续发展。企业的发展一定要立足长远，节约资源，才能可持续发展；要不断调整产业结构，发展健康的市场经济。

8.1.4 企业要保护环境与维护自然

企业的经济发展，不能以破坏生态环境为代价。比如破坏野生动物的生存环境，过度开采矿产和砍伐林木，这些都给人类带来了很大危害。为了人类的生存和社会经济的可持续发展，企业应承担保护生态环境、维护自然和谐的社会责任。

8.1.5 企业要扶危济困与发展慈善

我们国家是个人口超过 14 亿的大国，虽然改革开放使国家的经济有了长足发展，百姓生活水平得到了极大发展，但仍有一些地区经济发展不够均衡。为了社会经济的全面发展，每个企业都有扶危济困、发展慈善事业的社会责任。

8.1.6 企业要确保职工健康与待遇

企业职工是企业发展主要的支撑力量，企业职工的生命健康是企业的生命线，确保职工的健康、稳定提高职工待遇，这不仅关系到企业的持续发展，还关系到社会的发展与繁荣。作为企业，要爱护职工，关心职工的健康问题，做好劳动保护，提高职工的工资和待遇水平，尽到企业应尽的责任。

8.1.7 企业要发展科技与保护知识产权

目前我国经济发展不够均衡，某些行业或企业投入产出比较低，生产效率不够理想。若想改变这一现状，就必须发展科技，依靠科技创新来提高经济效益，改变企业技术落后的现象。此外，企业还要高度重视和保护知识产权，引进先进技术，积极推进科技研发创新，只有这样才能推动经济社会的进步。

典型案例：爱心暖蓉城

很多成功的企业家都明白“吃水不忘挖井人”的道理，在获得社会资源的同时，他们也会利用自身资源，尽最大努力去帮助他人。何先生就是这样一位企业家。

何先生出生在农村，父母以种田为生。初中毕业后，何先生进入四川省一家职业技术学校学习。在学校老师的鼓励下，何先生的创业之梦从此开始。

何先生以优异的成绩从学校毕业后，他先后进入两家市政公司工作，熟练掌握了市政工程施工的各方面技术。

后来，何先生从市政公司辞职，自己创业做市政项目，并参股四川一家公司，任项目经理。在公司改革时，他通过兼并、拍卖的途径，获得了公司的全部股权，成为公司的唯一股东。接手公司后，何先生以“诚信、认真、务实”作为企业文化，带领全体员工，认认真真、脚踏实地、求真务实地工作，在建筑行业中树立了很高的信誉，赢得了顾客的信赖。

通过调查研究，何先生发现公司存在管理层与工人专业技术滞后、专业的建筑工人缺乏等问题。为解决这些问题，何先生采取了一系列创新性措施。

首先提升产业工人技术。鼓励员工参加建造师资格证考试并持证工作。这一举措培养了一大批专业技术人才，为提升公司资质积累了资本。公司从最开始的四级资质逐步跃升到二级。由于管理得当，方法创新，公司驶入了发展快车道，还拥有了20余项专业技术。

其次，与母校合作，培养技能型产业工人。公司与学生签订正式、合法的劳动合同，通过合同中的规章制度，给学生定规矩，培养其劳务意识。组织入职的学生参加军训，磨砺他们吃苦耐劳、不畏艰难的精神。还制订一系列实训计划，培养学生的实操技能。实训时间为一年，主要内容是建筑工程的各种施工技术。实训结束后，符合条件的学生可进入公司工作。

何先生明白“授人以鱼不如授人以渔”的道理，他给学生提供一个努力的方向，让学生有机会学会谋生的本领，解决学生就业问题。同时，此举还创新性地解决了公司专业建筑工人不足的问题，为建筑行业注入了新鲜血液。

另外他还传递爱心，关注慈善。四川汶川地震后，公司共捐款20万元，仅何先生个人就捐献6万元。四川雅安地震后，公司再次捐款20万元，并在救灾期间，依据公司现有设备、技术，接受雅安市政府安排，投入20余台工程机械和100名工人，对宝兴到芦山段进行施工，保证了救灾生命通道的畅通，为救灾工作做出了重要的贡献。此外，何先生还参加了“一点一滴”公益组织，支援边远山区的公路建设。

何先生对学弟学妹说，无论是创业还是就业，都要讲究一个“卖相”，卖的是什么，是自己的本事、社会阅历、个人形象。同时，何先生也是在以身作则，用自己的经历启迪着学弟学妹们：“只要你努力，我的今天就是你们的明天。”

【案例分析】

何先生的事例给我们描绘了一个有着强烈社会责任感、正义感的企业家形象，应该明白，员工的发展与企业的发展、企业的发展与社会的发展都是相互依存、相辅相成的。

探索活动：走访企业

活动内容

走访当地一家知名企业，了解该企业以下几个方面的内容：

（1）该企业文化是什么？

（2）企业具有什么样的使命？

（3）企业产品是否存在以次充好现象？

（4）企业在发展过程中，有无破坏周围环境的情况？
（5）企业是否关注慈善事业？
（6）企业是否关注职工健康？
（7）企业是否注重科技创新？
走访完后，每位同学写一份报告。

活动检测

活动结束后，教师可根据表 8-1 进行评分。

表 8–1　探索活动评价表

评分标准	满分	实际得分	备注
积极参与活动	25 分		
能按照要求进行走访	25 分		
报告结构完整，分析合理	25 分		
深刻理解企业家所承担的社会责任	25 分		
总分	100 分		

能力训练

假设你要开办一家公司，请先回答以下问题：

（1）公司的使命是什么？

（2）公司的经营理念是什么？

（3）如何打造公司文化？

（4）如何促进职工健康发展？如何留住人才？

（5）你会发展慈善事业吗？

请同学们 3 ～ 5 人为一组，就上述问题展开讨论，然后由一人汇报讨论结果。

拓展延伸

联系某家企业，参与其策划的爱心活动。通过活动，体会什么是企业的社会责任，进而思考如何培养自己的社会责任意识。

8.2 企业文化创建

创业问题

社会上的企业数不胜数，每个企业在其经营过程中都会形成符合自身发展的企业价值、企业精神、企业制度等，从而构成企业文化内容，指导企业的经营和管理。

在进行下面的学习之前，请同学们先思考以下问题：

（1）什么是企业文化？

（2）为什么要创建企业文化？

（3）创业者应如何创建企业文化？

8.2.1 企业文化的含义

企业文化有广义和狭义两种理解。广义的企业文化是指企业具有物质文化和精神文化；狭义的企业文化是指为全体员工所认同并遵守的、带有本组织特点的使命、宗旨、价值观和经营理念等，以及这些理念在生产经营实践、管理制度、员工行为方式与企业对外形象的体现的总和。

8.2.2 创建企业文化的方法

随着社会的不断发展，企业管理理念的日益更新，社会文化的魅力愈发彰显。企业文化对加强企业的凝聚力和促进企业的发展有着举足轻重的作用。

1．加强宣传

想要有效创建企业文化，就必须加强宣传，将企业文化的建设融入日常工作中，让企业员工认识到文化建设的目的和意义，最终统一员工的思想和行为。

2．调查研究

根据企业实际发展情况，深入对现有企业文化进行调查研究，充分了解员工的思想状态，并分析企业当前的发展状况，结合以往的发展史，制定正确的企业文化建设内容及方向。

3．落到实处

很多企业建设企业文化总是停留在理念宣传阶段，并没有深入地去贯彻执行或者是对企业文化的建设有误解，所以有效建立企业文化，应该是要把文化建设落到实处。让企业员工有规可依、有章可循。

4. 以身作则

企业领导者的行为方式对企业文化有很深的影响，每个领导者都需要在内部和外部反映企业价值观，并成为企业文化最强的倡导者。因此想要有效建立企业文化，就需要领导者以身作则，并鼓励全体员工参与。

典型案例：F 公司的企业文化建设

F 公司，是个大型的电子商务型网站，在 2008 年 7 月 11 日正式上线，开创了中国电子商务行业“网上超市”的先例。其低成本、快速度、高效率的流通，让广大顾客充分享受到了全新的生活方式和实惠方便的购物体验。然而，F 公司又能够快速发展，并与京东、天猫等网站齐头并进呢？这与其诚信、以顾客为上的企业文化密切相关。

F 公司的创始人于总采访时说，在招第一个员工之前，我们做了一件非常重要的事情就是建立企业文化，因为一个企业没有文化是不可能基业长青的。所以，我们花了两个星期时间写了两页纸的企业文化精髓，显然这太长了，之后又缩减到半页纸，但还觉得太长，后来便浓缩到八个字：诚信、顾客、执行、创新。

那又该怎样将这种文化根植在每个人心中呢？电子商务是一个虚拟的东西，跟顾客直接打交道的最后只有配送员和客服。顾客如何才能信任我们？这需要一点一滴去做，而不能一天到晚只是讲。早期，客服培训都是我和助理亲自进行，给他们讲：你们一定要站在顾客的那一边，甚至要站在公司的对立面为顾客着想。

我们以前卖过一种品牌的老酒，当时这种酒在不同的销售渠道其酒瓶盖上有不同的标识。有一个顾客买了就说，我们卖的是假货，因为酒瓶盖符号和在别的地方买到的不一样。经过一番解释后，顾客仍坚持要退货，客服就让顾客把货寄回来处理。我们就和客服讲，既然没有赢得顾客的信任，就不应该再给顾客制造任何障碍。我们就派配送员去取回了货物，马上全款退回。

我们经常要求配送要超出顾客的期望值，这句话说很容易做到很难。因为给配送员讲大道理是没有用的，他们只看别人是怎么做的。我们就在每周例会时进行故事分享，让他们讲自己做的超出顾客期望值的事情，比如我们一个配送员发现顾客的门没锁，他就给顾客打电话，一直在那儿看守了一个多小时等顾客回到家锁了门后才离开，这个故事很感人。以后，每个人就会把这个故事当成自己的准则，再思考要做什么事情才能超出顾客的期望值。

也就是说，我们在不断形成新的标准，做新的事情以超出顾客期望值，这样就逐渐建立起了一个真正有创业激情的团队。

此外，我们所有会议室的命名都反映了我们企业文化的某一个因素或精髓，因为企业文化是一个潜移默化的东西，并不是说一次就够的。

【案例分析】

创业就像一场马拉松，从一开始就要立足长远，创建企业文化。因为企业文化是一个企业的软实力，能够为企业的发展带来极大的价值。任何一个持久发展的企业，一定有非常优秀的企业文化。F 公司也很重视企业文化的建设，建立了“诚信、顾客、执行、创新”的企业文化，为企业的长远发展夯实了基础。

探索活动：探索一家公司的企业文化

上网查找一家公司的相关资料，了解该公司的企业文化，并思考下列问题：

（1）分析这家公司企业文化的核心价值是什么。

（2）该企业文化对公司的发展具有哪些作用？

（3）你认同该公司的企业文化吗？

活动内容

请同学们 3 ～ 5 人为一组，就上述问题展开讨论，并写出讨论报告，在全班交流。

活动检测

活动结束后，教师可根据表 8-2 进行评分。

表 8–2　探索活动评价表

评分标准	满分	实际得分	备注
明确该公司企业文化的核心价值	25 分		
理解企业文化对企业发展的作用	25 分		
能积极参与讨论	25 分		
观点鲜明，论据充分	25 分		
总分	100 分		

能力训练

有位教授说：“制度让人不得不这么做，而企业文化让人自觉这么做。”结合所学知识，谈谈你是怎样理解这句话的。

评分标准：

（1）能明白企业文化的含义和功能（30 分）。

（2）能够说出制度和企业文化的区别（30 分）。

（3）能积极表达自己的观点，论据充分（40 分）。

拓展延伸

企业文化是企业发展软实力。加强企业文化建设，能增强企业和员工的凝聚力，激发员工工作的积极性。请为你创办的企业建立企业文化，并对经营中可能出现的问题提出解决办法。实践结束后，写一份实践总结。

8.3 企业的创新经营

创业问题

新产品刚进入市场时，如果能较好地满足消费者的需求，销量往往非常可观。但是消费者的需求是不断变化的，如果企业不及时开发新产品或调整产品的营销策略，业绩就可能会走下坡路。因此，企业在经营过程中要根据市场条件的变化而不断改变、不断创新，以获得持续不断的发展。

在进行下面的学习之前，请同学们先思考以下问题：

（1）企业创新经营包含哪些方面的内容？

（2）企业该如何进行创新？

8.3.1 创新经营的重要性

创新经营是企业对生产要素的重组，也是企业生存与发展的根本，它不但可以促进企业组织形式的改善，还能提高企业的管理效率，推动企业不断提高工作效率，使企业更加适应市场经济发展的需求。

8.3.2 创新经营的内容

企业的创新经营包括了许多方面，如思维创新、服务创新、技术创新、文化创新等。

1．思维创新

思维创新是一切创新的前提。我们都知道，一个人若是封闭自己的思维，一旦形成思维定式，头脑就会僵化，企业也是如此。有些企业提出“不换脑筋就换人”，就是这个道理。有的企业不断招聘新的人才，重要原因之一就是期望其能带来新观念、新思维。

2．服务创新

对企业而言，顾客是企业的生命之源，企业应该给顾客提供最好的产品和最优质的服务，因此服务创新对企业发展来说，是十分重要的。服务创新应着眼于客户不断变化的需求，这是企业发展决定的，是企业永恒追求的目标。

3．技术创新

对一个企业来说，技术创新不仅是企业的立足之本，还是社会发展的动力。新技术的发展可以使企业走在市场的前端，能给企业带来更多的经济效益。

4. 文化创新

文化创新是对企业的旧观念、旧思想、旧文化的创新。如果不改变企业的旧观念，那么企业就难以发展。只有企业的文化创新发展了，企业才能持续健康发展。

8.3.3 怎样创新经营

企业要想发展壮大，首先就要树立新的观念，确立新的经营机制，进行多种创新活动。

其次，企业应鼓励员工创新、集思广益。合理采纳员工建议和意见，才能有助于公司创新经营。

最后，企业在产品创新以及技术创新方面也要加大投入，加强创新方面的训练，提升创新技能。因为创新能力并不是天生的，在很大程度上取决于后天的学习和训练。

典型案例：88 万元天价广告牌

有一家小食品公司，在其新品辣酱上市前，他们欲做宣传，但是他们没有那么强的经济实力，租不起市区的广告牌。然后他们突发奇想，租下城郊一个年租只有几万元的广告牌。租下广告牌后，他们并没有直接在上面打自己的广告，而是贴出出租标识，以全年 88 万元的天价出租这块广告牌。这个冲击力毋庸置疑，人们口耳相传，渐渐全城都知道城郊有块天价广告牌，很多人慕名前去观看，连报纸都登载了这件事情。一个月以后，食品公司将辣酱广告登上了这块广告牌，不出所料，市场被迅速打开，辣酱一下子供不应求。

【案例分析】

你的思路决定你的出路，遇到问题时多思多想，以创新带动发展，一定能开辟新天地。

探索活动：探索诺基亚手机业务衰落原因

背景资料

诺基亚最初是建立于芬兰一个小村庄中的造纸厂。20 世纪 60 年代，它开始将业务扩展到电子产品领域，并于 1979 年研发出世界上第一种蜂窝网络。不久后，诺基亚推出了 MobiraSenator，这是世界上第一部车载移动电话。

从 20 世纪 90 年代末到 21 世纪初，诺基亚一度占据全球手机市场份额的 40%，成为全球移动电话领域的领导者。

2007 年，苹果公司发布第一代 iPhone 手机后，更多公司开始专注于研究智能手机系统，人们开始理解数据才是通信行业的未来。面对市场的变化，诺基亚没能做出正确的判断，2013 年，诺基亚设备与服务部门被微软公司收购。

活动内容

请同学们结合所学知识分析诺基亚手机业务衰落原因，写一份分析报告。

活动检测

活动结束后，教师可根据表 8-3 进行评分。

表 8–3 探索活动评价表

评分标准	满分	实际得分	备注
准确分析诺基亚手机业务衰落原因	25 分		
理解企业文化对企业发展的作用	25 分		
能积极参与讨论	25 分		
观点鲜明，证据充分	25 分		
总计	100 分		

能力训练

当你在经营中遇到以下问题时，你将如何解决？

如果你是一位计算机销售经理，你的员工错将一台价值两万元的计算机以一万二千元的价格卖给了顾客，你怎样写信给顾客才能追回这台计算机呢？

拓展延伸

试分析你自己拥有哪些资源，哪些资源还有巨大的潜力有待开发。同时，分析周围的环境，想出一个赚钱的创意经营项目。

本章总结

本章主要讲述了以下几个方面的内容：

- 企业应承担的社会责任的主要内容，包括诚实守信、科学发展等。
- 企业文化的相关知识，如企业文化的含义、创建方法等。
- 创新经营的重要性和内容，创新经营包括思维、服务、技术、文化等四个方面。

第9章

走向就业之路

本章目标

- ❑ 了解就业指导的意义
- ❑ 正确面对就业问题
- ❑ 掌握求职信和简历的写作技巧
- ❑ 掌握面试的技巧

自我思考

在当今科技浪潮影响下，人类已经步入一个全新的科技发展时代，职场形势的发展更是日新月异。即将踏入社会、进入职场的准毕业生们，请思考下面两个就业问题：

（1）你怎样规划自己未来的发展方向？

（2）你为就业做好准备了吗？

开篇故事：心怀梦想，不负远方

每个人都渴望成功，可是通往成功的道路上布满荆棘，没有人能一帆风顺，与其仰望他人的成功，不如努力走自己的路，实现自己的梦想。小吴就是一个心怀梦想、脚踏实地的人，她有自己的目标，并且也愿意为之努力奋斗。

小吴是山东某电脑学院的毕业生，她目前就职于一家装饰公司，担任市场主管一职，年薪超过 25 万元。

还是一个普通高中生的时候，小吴就非常喜欢设计，梦想成为一名优秀的服装设计师。高中毕业后，在表哥的推荐下，她选择了山东一家学校作为自己实现梦想的平台。了解了学校的专业设置和课程体系后，她选择了环境艺术设计专业，她觉得环境艺术设计比服装设计更加吸引人，也更有挑战性。

在校期间，在专业学习之余，她加入了学生会秘书处，积极参与组织各种活动。相比于其他部门，秘书处接触的人和事更多，能学到的东西也更广泛，这能让自己学到很多待人接物的学问。

就业时，小吴通过学院的校招成功入职一家装饰公司。在其他同学选择做设计助理的时候，小吴选择了市场销售岗位，她觉得这个岗位更能锻炼自己。她说："相比于设计助理来说，市场销售需要花费更多的时间和精力去学习。一开始我也担心做不好，但是工作过程中，慢慢发现这些担心是多余的，因为我学习东西快、适应能力强，工作起来非常开心。"为了对未来有更好的规划，小吴每年都会制定一个小目标：2018 年的目标是毕业之后自力更生，不再向家里要生活费；2019 年的目标是有计划地安排自己的收入，开始理财；2020 年的目标是通过自己的努力购买一套属于自己的小房子。现在，这些目标都已经实现，这让她对未来充满了信心。

9.1 就业指导概述

就业问题

据统计，近年来，我国大中专应届毕业生人数每年都超过 700 万人，2021 年更是达到 900 多万人，就业形势较为严峻。国家对就业问题十分重视，各大中专院校、职业院校也积极开展就业指导工作以指导学生就业。那么，面对就业问题，请同学们思考下面两个问题：

（1）什么是就业？

（2）如何调整就业心理？

9.1.1 就业的概念和相关内容

就业是指具有劳动能力和就业愿望的公民在法定劳动年龄范围内，参加国民经济中某个部门的社会劳动，从而获得劳动报酬或劳动收入作为其生活主要来源的行为。

就业的相关内容包括以下几点：

第一，就业的主体必须是年满16周岁，并具有劳动权利能力和劳动行为能力的公民。

第二，公民在主观上具有就业的愿望。就业是公民的一种权利，是否行使该权利，完全取决于公民自己。

第三，公民从事的劳动限于国民经济领域，且具有合法性。公民在国民经济领域的某个部门中从事合法劳动，才能被视为就业。

第四，在就业活动中，劳动者能够获得一定的劳动报酬或经营收入。

9.1.2 就业指导的含义和原则

就业指导，是指由专门的就业指导部门帮助择业者确定职业方向、选择职业、做就业准备工作，并为其谋求职业发展提供咨询指导的过程。

职业教育院校开展就业指导应遵循的原则包括以下几个方面：

1. 教育性

教育性是就业指导的首要原则。就业指导不仅仅是帮助学生求职择业，还是一个教育过程，其任务是培养学生的基本素质和职业技能，并对学生进行职业教育。

2. 系统性

对学生进行就业指导，不仅是学校的责任，家庭和社会也要配合学校进行这个工作。也就是说，学生就业指导是一个系统的、长期的工作，应该贯穿学生的整个在校学习过程。

3. 辅助性

就业指导工作的对象是学生，主体也是学生。学生就业指导是一个在指导者的指导帮助下，学生自我认识、自我学习、自我提高的过程。在这个过程中，就业指导仅起辅助性作用。

4. 实践性

学生就业指导是一门实践性很强的学科，它的目标是提高学生的综合素质和社会适应能力，帮助学生正确地认识自我、认识社会，鼓励学生参加社会实践、开拓视野，进而帮助学生确立自己的人生目标，更好地择业就业。

9.1.3 就业指导的主要内容

1. 信息指导

就业信息指导是就业指导的基础，因为能否及时掌握社会需求信息、用人单位信息、招聘信息，已成为学生能否就业求职成功的关键所在。学生自主择业和用人单位自主选才是一个双向选择的过程，如何使这种双向选择更全面、合理，是信息指导的最终目的。信息指导是毕业生和用人单位之间的桥梁和纽带，一方面学校通过多种渠道收集和掌握有关人才市场供需形势的情报以及具体的用人单位招聘信息等，方便学生查询和了解，及时把握机会；另一方面，就业指导还应引导学生掌握搜集信息的方法，让他们学会挖掘更多的信息来源，帮助他们学会筛选就业信息，以免掉入求职陷阱。

2．心理指导

现代社会竞争压力大，激烈的竞争使学生面临着巨大的心理压力，由于毕业生生理与心理的成熟程度存在差异，部分毕业生自身心理调适能力较差，在面临职业选择和就业竞争时，容易出现各种心理问题。通过心理指导可以帮助减轻心理压力，增强战胜挫折的信心，使学生保持良好的求职心态，以平常心参与角逐和竞争。

3．求职技术指导

求职技术指导也是就业指导的重要内容之一。能否掌握一定的求职技巧，对毕业生能否成功就业影响极大。一般来说，面对就业求职，在毕业生中普遍存在着思想准备不足、缺乏求职技巧等问题。而求职技术指导可以帮助毕业生更好地了解其自身条件，如爱好、特长、志愿、身体状况、实际能力等，以使他们能在不同需求形势下更准确地选择适合自己的工作；可以帮助毕业生掌握自我推荐、应聘和面试的技巧，帮助他们克服种种困难和挫折；还可以帮助毕业生树立竞争意识和把握机遇的意识，以便在求职过程中掌握主动权。

9.2 就业指导的意义

就业问题

从根本上说，就业指导就是要帮助学生树立正确的世界观、人生观、价值观，增强毕业生适应经济建设和社会发展的能力。一方面，就业指导要为全面提高学生素质，以及帮助学生顺利就业提供多方面的服务；另一方面，是要引导学生根据自己的特点、要求以及社会的需求，选择适合自己的职业，以实现自己的人生价值和社会价值。

无论是对学校和毕业生还是对社会和用人单位来说，就业指导都具有重要的意义。那么请思考一下，就业指导对学生具有怎样的意义呢?

9.2.1 促进学生就业观念的转变

有效的就业指导，能够让学生认清就业形势，有利于帮助学生正确树立就业观，使学生抛弃“等就业”“怕就业”的旧观念和不良心理，在服从学校就业安排的前提下，积极了解人才市场的需求情况，主动开展就业择业活动。

许多学生对自己的未来发展缺乏规划，这样在面对就业压力时，就会感到手足无措。有的学生认为就业应该是学校负责，抱着依赖、等待的思想，缺乏积极就业的意愿，更是缺乏创业意识，缺乏到社会中去开辟一条属于自己的路的勇气。

而学校开展的就业指导，为学生讲解和分析国家的就业政策和目前的就业形势，能激发学生关注自身的职业发展，意识到确立自身发展目标的重要性，帮助学生树立积极正确的就业观念，进而正确处理个人与社会的关系。

9.2.2　有利于学生就业心理的调整

多数学生涉世不深，社会经验不足，对社会缺乏深刻的了解和认识，对自己究竟适合什么工作缺乏客观、科学的分析和判断，所以在面对众多的职业和工作岗位时，他们常常会感到无所适从。在市场竞争日益加剧的环境下，就业指导可以帮助学生调整心理状态，使他们能满怀信心地走入社会，把握工作机会，找到适合自己的工作。

9.2.3　促进学生学习和自我提高

就业指导还可以促进学生的学习和自我提高。从一些人才市场招聘会上反馈的信息来分析，不少学生缺乏自我推销能力，这就容易在求职过程中碰壁。在接受就业指导时，学生通过反思就会了解自己的不足，促使学生不断地进行自我学习，提高自己的心理承受能力，提升职业技能，为之后的求职就业奠定良好的基础。

9.2.4　有利于学生的成长

求职的过程是与用人单位沟通的过程，经历这个过程，得到的不仅是用人单位录用与否的结果，还有该用人单位对职业素质的要求。因此大学生就业求职的过程也是接受职业教育的过程，而学生就业指导中的一些要求，如展示真实自我、锻炼表达能力、增强团队意识、遵守市场规范等，不仅是对就业的具体指导，而且是对学生如何培养自己的职业素质等的指导。因此，学生接受就业指导，就是提前经历就业求职这一过程，对学生的成长是非常有利的。

9.2.5　有利于人力资源的合理配置

随大流，盲目崇拜大城市、大企业等心态，造成毕业生就业中地区流向和单位流向的失衡，一些地区和单位求贤若渴，一些地区和单位则人才积压，造成人才资源得不到合理配置的现象。

就业指导通过对行业形势的分析、对就业趋势的预测，为广大毕业生提供科学合理的就业风向标。同时，就业指导还能让大学生保持与用人单位的沟通和联系，了解用人单位的需求信息，使得供需信息畅通，能有效解决供需不匹配的问题。

典型案例：小李就业记

6月的一天早上，某就业中心大厅迎来了一位求职者，指导员小郑接待了她。“您好，您是求职吗?”“对，我想找一份工作。“好的，能不能简单地谈一下你的情况?”“我叫小李，今年应届大学毕业，电子商务专业，已通过大学英语四级考试，获得了证书。”在初步交谈中，小郑观察到，小李是一个头脑清晰、思维敏捷的女孩子，而且外在形象也很出众。“你的求职意向是？”小郑问道。“实不相瞒，我 4 月份就从学校出来联系工作，因为我的意向一直是外企或者知名企业的管理职位，也曾经联系过几家大公司去面试，自我感觉都不错，而且英语水平也通过了测试，可最终都没有被录取，他们给出的理由都是诸如没有管理方面的经验、没有社会阅历、不适合我们这里的职位要求等。”说到这儿，小李深深地叹了口气。

“先别灰心，我来帮你分析出现的问题，然后想办法去解决它。”说到这儿，小郑把小李请到了职业指导室，进行一对一单独指导。“像你这样的大学毕业生，在第一次求职的时候，容易好高骛远，盲目地追求大公司、大企业，但因为没有过多的社会阅历、工作经验和工作能力，所以应聘常常失败。这样容易产生挫败感，时间长了还容易造成心理阴影。其实呢，找工作最关键的是找到适合自己的位置，脚踏实地，即使是在小规模的单位工作，只要能够发挥出自己的专业特长，从一点一滴做起，树立自信心，为自己的发展定下目标，你会发现，成功离你并不遥远。”

经过两个小时的指导，小李豁然开朗，她暗自决定要重新审视自己的职业规划。

这时，小郑接着说：“正好，小李，我这里有一家物流管理公司，他们正在招聘电商经理助理，工作主要是协助经理完成目标任务，以及做部分行政助理方面的工作。对于没有工作经验但又是学电子商务的你来说，这个职位应该去试一试。从助理开始做起，学习一下怎样管理一个团队，这样有助于你积累宝贵的管理经验，为你以后从事管理工作打下基础。”“好的。通过这次指导，我学到很多东西，我会努力争取这个工作机会的，并以此作为我职业生涯的开始。”

一周后，小李对小郑说：“我通过了那家物流管理公司的初试和复试，面试很成功。单位的人事经理和部门经理对我都很满意，我也很喜欢这份工作和这里的工作环境。虽然公司不是很大，但单位里像我这样的年轻人还有很多，工作环境富有竞争力和朝气。我现在终于明白了，我要从一点一滴做起，分步树立自己的工作目标，并努力去实现它。”“恭喜你啊，争取到了这份工作，更重要的是你转变了就业观念，摆正了心态。不要骄傲，要继续加油啊！”

【案例分析】

小李的成功就业，究其原因，一是她转变了就业观念，摆正了就业心态，二是她接受了专业人士的就业指导。

能力训练

利用周末的时间，根据自己的专业，选择一家单位兼职，锻炼自己的就业能力，并写出兼职的感受和遇到的问题。

拓展延伸

每位求职者都希望找到一个既能发挥自己特长、待遇又很高的工作。然而在实际择业过程中，这样两全其美的好事确实很难如愿。如小郭同学在择业时就存在“小毛驴的犹豫”心里。他应聘了两家公司，一家公司的职位和自己的专业很合适，但待遇一般化；另一家公司职位和自己专业不相关，但待遇和条件都很好。这时他迟疑了，不知道选择哪家公司更好，结果一个都没有去成。

从小郭同学的故事中你得到什么启示？

9.3 求职材料的准备

就业问题

面临就业的学生，在校期间就要做好求职就业的准备，如准备求职信、个人简历，提前思考用人单位可能感兴趣的问题等。那么将要走向就业之路的你是否做好了准备呢？请同学们思考下面的问题：

（1）求职信的格式是什么？

（2）个人简历该如何书写？

9.3.1 求职信

求职信是毕业生针对招聘岗位而向用人单位进行自我推荐的书面材料。求职信集自我介绍、自我推销和下一步行动建议于一身，并重点突出自身背景材料中与未来雇主最有关系的内容，以此来提高求职的成功率。一份好的求职信体现了求职者清晰的思路和良好的表达能力，招聘者通过求职信可以看出求职者的沟通交际能力和性格特征。

求职信的书写格式与一般书信大致相同，包括标题、称呼、正文、结尾和落款。

1. 标题

标题是求职信的文种名称，只需在信件第一页第一行中间用较大字号写“求职信”三个字即可。

2. 称呼

这里的称呼是指用人单位领导或招聘负责人的姓名和称呼，如写给某企业人力资源部经理，用“尊敬的 ×× 经理”即可。

称呼要正规、准确，忌用“前辈、叔叔、师兄”等不正规的称呼。由于毕业生发送求职信往往是其和用人单位之间的首次交往，毕业生未必了解用人单位的相关招聘人员，因此，在求职信中称呼“×× 领导”也是可以的。

3. 正文

正文是求职信的核心部分，其形式多样，风格各异。要想打动用人单位，就一定要反复揣摩正文部分的措辞和行文风格。正文部分应当包括以下内容：

（1）简单的自我介绍，即简要说明自己的身份。对于应届毕业生来说，在信件的开头用一两句话说明自己的学校、学历、专业等基本信息即可。例如，“我是 ×× 职业院校电子商务专业 2022 届专科毕业生”。

（2）说明求职信息的来源。为了师出有名，最好在求职信的开头说明求职信息的来源，可用一句如“本人 2022 年 × 月 × 日在 ×× 招聘网站上得知贵单位正在进行招聘活动，因此投信前来应聘”之类的话一笔带过即可。

（3）说明应聘职位。在求职信开头，应说明所要应聘的职位，如“本人欲应聘网络维护工程师一职”或“相信本人能胜任报社记者一职，故前来应聘”等。如果职位有编号，应当写上编号，以表示一丝不苟的态度和应聘的诚意。

（4）说明能胜任该职位的理由。这是求职信的关键部分，主要是向对方展示自己的专业知识、技能和工作经验，所取得的与该职位有关的一些成绩，以及与该职位相符的性格、特长、兴趣爱好和其他情况。

（5）暗示发展前途及潜力。在求职信中不仅要向招聘者说明你的现在，更要说明你的未来，说明你是可塑造的、有培养价值的、有发展潜力的。例如，你若当过学生干部，可以向对方介绍在担任学生干部期间取得了哪些成绩，这就说明了你有管理和组织方面的才能。

4. 结尾

一般结尾包括两方面内容：一是盼回复；二是祝词。在一般的求职信中，表达希望对方答复或者希望获得面试机会所用的措辞几乎已成定式，如“我热切盼望着您的回复”或者“我希望能获得与您面谈的机会”。

此外，正文后的祝词虽然只有几个字，但也有着不可忽视的作用。可用“顺祝安康”“祝贵公司兴旺发达”等词，也可用“此致敬礼”之类的通用词。

5. 落款

落款应署名并注明日期。署名应与信首的“称呼”相呼应，如果在信首称对方为“×× 老师”，则署名应为“学生 ××”，当然也可以直接签上自己的名字。署名下方要完整地写上日期，还应注明联系方式。

典型案例：一封求职信

尊敬的 ×× 经理：

您好！

我是 ×× 职业院校 ×× 专业的学生，今年 7 月我将顺利毕业。近期从招聘网站上得知贵公司正在招聘网络维护工程师，我想申请这个职位。

本人具有较好的计算机专业知识和应用能力，并于去年通过了全国计算机等级考试（二级）；能熟练操作 Windows 系统，并能使用 C、C++、Java、Python 等语言编程。对网络技术也有一定的了解，另外还能运用 AutoCAD、Photoshop、LabVIEW 等软件进行相关工作。

在校期间，本人多次获得奖学金，还担任过班长、团支书等学生干部职位，具有很强的组织和协调能力以及强烈的责任感，这些都能使我能够积极面对任何困难和挑战。

我很希望能加入贵公司，发挥我的潜力。随信附上我的简历，如有机会与您面谈，我将十分感谢。

此致

敬礼！

××（手写）

2022 年 × 月 × 日

9.3.2 简历

个人简历是一个人生活、学习、工作、经历、成绩的概括集锦。撰写简历的目的就是让用人单位清晰、简要地了解求职者，因此，个人简历是用人单位对求职者的第一印象，是用人单位对求职者进行分析、比较、筛选并决定是否录用的主要依据。在通常情况下，用人单位都是通过浏览简历来决定求职者能否参加进一步的面试。

1. 简历的基本要素

（1）个人基本情况。

简历中，介绍个人基本情况是必不可少的，这些信息包括姓名、出生年月、性别、家庭住址、政治面貌、身体状况、联系方式（手机号码和 E-mail）等。

（2）教育背景。

教育背景包括毕业院校、所学专业、学历、主要课程（把重点放在与申请的工作有关系的课程上）等。

（3）求职意向。

求职意向包括期望工作的行业、职业、岗位、工资、工作地区等方面的意向。

（4）本人经历。

本人经历主要是指大学以来的简单经历，包括学习、社会职务或活动、义务性工作（志愿者）、社会实践，以及在这些工作中用到的工作技能等。

（5）知识技能。

主要包括知识能力、技能优势、外语和计算机水平等。

（6）特长与荣誉。

个人的兴趣爱好与特长，在校期间获得的荣誉和证书等。

（7）自我评价。

自我评价就是对自己的各种能力和优秀品质的总结，包括学习能力、沟通能力、创新能力、适应能力，以及团队精神、责任心、敬业精神、拼搏精神等。

2. 简历的书写原则

（1）简洁明了。

简历不要写得太长，应简明扼要，确保简历阅读人很快能够看到他所需要的信息。一般个人简历为用一页 A4 纸做成的表格形式比较好。一般用人单位负责人阅读简历的时间不超过 90 s，所以简历一定要写得简单精练、清晰易懂。表达清楚、规范准确是简历语言的基本要求。

（2）真实准确。

简历还有一个重要的书写原则，即不夸张、不编造、不抄袭。一份简历，应能使阅读者从中看出一个人的真实能力、修养等，因此，真实准确是写简历的基本要求。

典型案例：一份优秀的简历

个人简历

——CURRICULUM VITAE——

—— 个人信息 ——

姓　名：张女士
电　话：135*****956
邮　箱：357****66
年　龄：24
住　址：陕西西安
工作经验：3 年

—— 求职意向 ——

从事职业：平面设计师
期望月薪：6K-8K

—— 教育背景 ——

学校名称：西北大学
就读时间：2015.07-2019.09
所学专业：环境艺术设计
学历学位：本科

—— 工作经历 ——

公司名称：H 广告有限公司
在职时间：2020.06−11
职位名称：平面设计师
税前月薪：6K-8K
工作描述：主要负责帮客户设计易拉宝，海报，企业（产品）手册、折页、展板、名片等等。公司其他 PC 及 MAC 设计文件的使用、修改、数码照相处理等；协助其他部门人员对设计及美学方面的工作顺利完成；成功的验收等
工作职责：负责各类营销活动布局的平面设计；负责各类公关活动舞台背景、画册的设计；负责公司市场部企划文案、公司网站、广告及电子杂志等的平面设计
完成业绩：2020 年 2 月份阶段设计目标完成量 36 项，盈利金额 44 万元；3 月份阶段设计目标完成量 37 项，盈利金额 51 万元；4 月份阶段设计目标完成量 36 项，盈利金额 49 万元；5 月份阶段设计目标完成量 42 项，盈利金额 62.1 万元

—— 项目经验 ——

项目名称：L 汽车品牌 VI 设计
项目职位：深职设计师
项目时间：2020.2-2020.4
项目描述：此项目为某汽车品牌设计整套 VI 手册和产品印刷体系

—— 自我评价 ——

本人工作认真负责，学习和沟通能力强且专业知识扎实，能熟练地应用各种办公软件及设备，熟练使用 Photoshop、AutoCAD、AI、CorelDRAW、FLASH 等常用设计制作软件。在工作中不断学习、进步，会前端和一些编程

【案例分析】

这份简历界面设计简约，内容也简短，仅仅一页就将个人信息、求职意向、教育背景、工作经历、项目经验和自我评价都展示出来。这样使招聘者看到了想看的信息，提高了求职成功率，所以说写简历也是一门艺术。

9.4 面试及注意事项

就业问题

面试是用人单位通过书面、面谈或线上交流的形式来考察求职者的能力和素质，判断求职者是否可以融入自己团队的一种招聘活动。如果你是求职者，将怎么应对面试呢？请思考下面的问题：

（1）面试主要考察什么？

（2）参加面试时，有哪些注意要点？

9.4.1 面试的方式

面试组织者会对面试活动进行精心的设计，其最常见的形式是招聘者与求职者进行面谈，这样能更有效地考评求职者的知识、能力、经验等。面谈式的面试是毕业生在找工作时所要面临的一个重要环节，大致可分为以下几种方式。

1. 问题式

指面试时，招聘者按照事先设定好的提纲向求职者发问，除了可以考核求职者的专业知识外，招聘者还可通过观察求职者的临场表现，来判断求职者解决问题的能力，从而对求职者有个初步评判。

2. 压力式

指面试时，招聘者向求职者进行一连串刨根问底式的提问，以此对求职者施加一定的压力，这种方式主要考察求职者的抗压能力、应变能力和思维能力。

3. 随意式

指面试时，招聘者与求职者之间进行轻松的、无拘无束的交流，招聘者通过观察求职者的言谈举止、知识能力、气质风度等，来对求职者的综合素质进行考察。

4. 讨论式

指面试时，招聘者让多个应聘者共同讨论解决一个问题，这种面试方式可让求职者展示其个人性格和团队协作能力，主要考察的是求职者能否把握好个人表现与团队协作之间的平衡。

5. 实操式

指面试时，招聘者事先安排一个项目案例，请求职者去模拟完成，其目的是考核求职者实际的动手能力和操作水平。

6. 隐蔽式

指面试时，招聘者通过暗中观察求职者的行为举止、为人处事，以此看到求职者最自然的表现。这种面试是在求职者放松状态下进行的，也常在其不知情的情况下就结束了。

典型案例：无形的面试

小李是一家职校设计专业的学生，在毕业找工作的时候，他经常碰壁。有一次，在老师的推荐下，他来到一家公司面试。当他来到现场的时候，已经有许多应聘者在那里等候了。

面试场地不大，地面上散落着一些没用过的打印纸，旁边还躺着一个垃圾篓。小李把垃圾篓扶了起来，然后把打印纸一张张捡起来，整理好后放到旁边的一张桌子上。做完这些，他站到队伍的最后面，等候面试。

突然，隔壁的房门打开了，一个矮矮胖胖、穿着西装的老人走过来，对小李说："小伙子，你是来面试的吧？"小李说："是的。"老人问他为什么要把打印纸捡起来，小李说："这么好的纸扔在地上任人践踏，实在是太浪费，于是就捡起来了！"老人拍拍小李的肩膀说："我是这家公司的经理，小伙子，你通过面试了！"

【案例分析】

考场有时空的限制，考察却无时不在。一些细微之处很容易被人忽视，却更能真实地体现一个人的内在精神和素质。有些毕业生非常重视正规面试，这是人之常情，但如果只注重"有形考场"的表现，而忽视"无形"的考察，恐怕失败了也不知道为什么。

9.4.2 面试的内容

常见的面试内容主要包括以下几个方面。

1. 仪容仪表

包括求职者的精神状态和外貌、衣着、言谈举止等。

2. 专业知识与技能

招聘者根据招聘职位的要求对求职者的专业知识和专业技能进行的考核，主要考察求职者掌握专业知识的深度和和广度，以及对专业技能的掌握情况。

3. 实践经验

招聘者会向求职者就其个人简历中的一些情况进行提问，以了解求职者的有关背景及实习、实践经历，这样做，也能侧面了解求职者的思维能力、口头表达能力以及责任感等。

4. 口头表达能力

通过求职者表达的逻辑性、准确性、感染力以及求职者声音特点等，考察求职者是否能够将自己的思想、观点等顺畅地表达出来。

5. 综合分析能力

考察的是在面试中，求职者能否对招聘者提出的问题进行全面且有条理的分析。

6. 反应能力

在情景式提问中，考察求职者能否迅速、准确地回答主考官提出的问题，以判断其应对突发状况等的能力。

7. 工作态度

了解求职者对过去的工作态度，以及对此次应聘岗位的态度。

8. 求职动机

了解求职者想来本单位工作的动机、对应聘的职位是不是有兴趣、希望在工作中得到什么，以判断本单位提供的职位等能否满足其要求。

另外，招聘者会向求职者提问一些其他的要求，比如说福利待遇，节假日是否双休等应聘者关心的问题，还要回答一些其他的问题。

典型案例：面试要机智

一家企业到某职业院校招聘五名化妆品营销员，该企业的待遇不错，有较高的底薪和销售提成比例。

于是有许多毕业班的学生都去参加面试，小俞也去参加了。小俞长得不是很漂亮，脸上还有些雀斑，按理说，她并不符合化妆品营销员这个职业对从业人员的形象要求，但她竟然通过面试了！

原来，这场面试是以场景模拟的方式进行的，招聘者让前来应聘的学生扮演营销员，招聘人员扮演客户，以此考察应聘学生的推销能力。当“营销员”小俞按常规方式向“客户”介绍了化妆产品后，“客户”突然说：“你说你的化妆产品效果很好，还有养颜祛斑的效果，那么你脸上怎么还有那么多雀斑啊？”“营销员”小俞听了脸一红，马上笑着说：“这位女士，您是不知道，以前我脸上的雀斑更多，就是用了这个化妆品后，才变得像现在这样少的。”“客户”满意地笑着说：“这个营销员不错，很机灵，很会说话，符合我们的要求。”这样，小俞很幸运地通过了这次面试。

【案例分析】

对化妆品营销员这个职业来说，小俞的条件并不是很好，她不算漂亮，且脸上还有雀斑，但她思维灵活，机智地回答了考官们的刁难问题，从而顺利地通过了面试。可见，在面试的时候头脑一定要时刻保持灵活，这样才能更好地应对招聘单位的“刁难”。

9.4.3 面试前的准备

面试前的准备包括以下几个方面。

1. 信息的准备

一般面试之前，求职者都应该先通过查阅用人单位资料、登录其官方网站等途径来了解其性质、规模、业务、经营状况、获得的荣誉等情况，同时还应了解招聘岗位的性质和要求等。避免在面试时被问及这些方面处于被动地位，从而影响面试结果。

2. 资料的准备

求职者参加面试时常被要求携带个人简历、毕业证书（复印件）等材料。面试时，电子和纸质资料都应该准备一份，以方便用人单位查看。

3. 心理的准备

面试就像是一场考试，除了考察求职者的业务能力、专业素质之外，还会考察求职者的心理素质和临场发挥能力。因此，面试前，求职者应及时调整自己的心理状态，以积极的心态来消除焦虑、恐惧等负面心理带来的不良影响，然后充满信心参加面试，展现自己的风采。

4. 形象的准备

招聘者对求职者的第一印象不是来自求职者的能说会道，而是求职者的衣着、发型和气质。因此，面试前应注意自己的仪表和穿着打扮，务必使自己的形象与应聘的岗位相协调。

5. 应对问题的准备

应对问题的准备有两个方面：一是可能要你回答的问题；二是你要提出的问题。面试前，求职者要对用人单位可能提出的问题做好充分的准备，了解一些常见的面试问题，比如，你从上一家公司离职的原因、你的优缺点等。而求职者向招聘者提问，也能在一定程度上体现求职者的个人素质和能力，最好问一些有关行业和公司未来发展前景的问题、应聘职位的具体工作内容，等等。

9.4.4 面试中的注意事项

1. 谦虚谨慎

面试时，用人单位的面试官往往有好几个人，一般是人事主管和与职位相关的高管，这些人资历较深，专业能力较高。因此，求职者在回答问题时，一定要谦虚谨慎，切记不要不懂装懂，不明白的地方可以虚心请教或坦白说不懂，这样才会给用人单位留下诚实的好印象。

2. 沉着冷静

面试时经常会遇到未听清招聘者提出的问题，或听清了问题但自己一时不能作答，回答时出现错误等情况，这些情况都可能使求职者处于尴尬的境地。遇到这些情况时，一定不能慌乱，要沉着冷静。对未听清的问题可以请求对方重复一遍或解释一下；有问题一时回答不出，可以请求招聘者提下一个问题，等考虑成熟后再回答前一个问题；回答问题出现的错误，也不要着急，而应及时调整心态，避免打乱后面的思路。

3. 扬长避短

无论是在性格上还是在专业上，每个人都有自己的优点和缺点、特长和不足。因此在面试时求职者一定要注意扬我所长，避我所短。自己的优点和长处可以详细陈述；缺点和不足可以少说些，比如说说与应聘职位无关的缺点。

4. 表现潜能

面试的时间通常很短，求职者不可能把自己的全部才华都展示出来，此时要抓住时机，巧妙地表现自己的潜能。表现潜能时，注意要实事求是、简短、自然、巧妙，免得弄巧成拙。

探索活动：模拟面试

活动内容

【人物】

考官甲、乙，应聘者 A、B、C、D。

【招聘岗位】摄像人员两名。

【招聘条件】

男性，专科学历，熟悉常用摄像摄影设备的操作，并且具备一定的影视资料后期剪辑技能，有一定文字功底者优先。试用期一个月，薪资 3 500 元，单位可包食宿。若能通过试用期可成为正式员工，月薪 4 500 元。

【道具】

桌子，两把椅子。

【场景】

模仿辩论，两名考官坐在中间，四名应聘者分为两组。

【面试过程】

请同学们查阅相关资料，以提高面试的通过率。然后分小组进行模拟面试。

活动检测

【评分标准】

（1）好

语言表达能力（15 ～ 20 分）：表达准确，语言简洁，叙述流畅得体。

逻辑思维能力（15 ～ 20 分）：层次清晰，主次分明，条理清楚，逻辑性强，思维面广。

责任感与进取心（15 ～ 20 分）：诚实守信，自信而又务实，有进取意识和较强的责任感。

应变能力（15 ～ 20 分）：对事物的变化反应敏捷，有较强的应变能力，处理问题恰当、得体。

举止仪表（15 ～ 20 分）：举止大方得体，穿着整洁合体。

（2）中

语言表达能力（10 ～ 14 分）：表达清楚，但不够简洁，叙述较通顺，但有语病。

逻辑思维能力（10 ～ 14 分）：有条理，有主次，有一定逻辑性，能分析归纳问题。

责任感与进取心（10 ～ 14 分）：有一定责任感和进取精神，但有些好高骛远，不够实际。

应变能力（10 ～ 14 分）：对事物变化能做出反应，有一定的心理承受能力、应变能力，在处理一些棘手问题时略感吃力。

举止仪表（10 ～ 14 分）：举止不够大方，穿着整齐。

（3）差

语言表达能力（0 ～ 9 分）：表达不准确，语言不通顺，略显混乱。

逻辑思维能力（0 ～ 9 分）：思维没有条理，缺乏逻辑性，思维面窄。

责任感与进取心（0 ～ 9 分）：责任感较差，无进取心，做事消极。

应变能力（0 ~ 9 分）：对事物的变化反应迟钝，应变能力较差；或情绪激动，对外部压力极为敏感，不能控制自己。

举止仪表（0 ~ 9 分）：举止不得当，穿着不得体。

根据上面的评分标准，填写 9-1 模拟面试评分表。

表 9–1　模拟面试评分表

面试要素	语言表达能力（20 分）	逻辑思维能力（20 分）	责任感与进取心（20 分）	应变能力（20 分）	举止仪表（20 分）	合计
A						
B						
C						
D						

能力训练

下周你要去应聘企业面试，担心自我介绍说不好，打算先拟个稿。你打算如何进行自我介绍？

____

____

____

____

拓展延伸

以下是 10 个经典面试题，请根据自己的具体情况进行回答。

问题一：“请自我介绍一下。”

思路：

（1）内容要与简历一致。

（2）表达要口语化。

（3）表述要有重点，思路要清晰。

（4）事先写好背熟。

问题二：“你有什么业余爱好？”

思路：

（1）不要说自己没有业余爱好。

（2）爱好一定不能是庸俗的。

（3）不要只说爱好听音乐、上网等，会令人怀疑此人性格孤僻。

（4）最好能说一些与户外相关的业余爱好。

问题三：“你最崇拜谁？”

思路：

（1）不要说没有崇拜的人。

（2）崇拜的是形象正面的人。

（3）所说的崇拜的人最好能与应聘的工作产生关联。

（4）最好说出崇拜的人有哪些品质或精神感染和鼓舞了自己。

问题四：“谈谈你的缺点。”

思路：

（1）不要说没有缺点。

（2）不要把优点当缺点。

（3）不要说影响应聘工作的缺点。

（4）不要说使人不舒服的缺点。

问题五：“谈一谈失败经历。”

思路：

（1）不要说影响应聘工作的失败经历。

（2）要说明失败后，自己很快振作起来，更热情积极地面对今后的工作。

问题六：“你为什么选择我们企业？”

思路：

（1）要从企业规模、影响力以及应聘岗位的吸引力等角度来回答。

（2）比如“贵公司十分重视人才，工作很适合自己。”

问题七：“如果被录取了，你将怎样开展工作？”

思路：

（1）若应聘者对职位缺乏了解就不要具体说明，若熟悉此职位可简要说明。

（2）可按“首先听取领导的要求，然后再制订工作计划，开展工作”的思路进行回答。

问题八：“若与上级意见不一致，你会怎样处理？”

思路：

（1）可按“我会给上级以必要的解释和提醒，在这种情况下，我会服从上级的意见”的思路进行回答。

（2）从公司的利益角度分析问题，可回答“对非原则性问题，我会服从上级的意见，对涉及公司利益的重大问题，我希望能向更高层领导反映”。

问题九：“你是应届毕业生，缺乏工作经验，如何能胜任这项工作？”

思路：

（1）根据自己实际情况来回答。

（2）回答时，要体现出求职者理智、诚恳、机智、敬业的形象。

（3）参考答案：“虽然我是一个应届毕业生，但这份工作和我所学的专业相吻合。并且我的自学能力和实操能力都很强，能认真努力地工作。请您相信我，我会胜任这份工作的。”

问题十："对这项工作，你有哪些可预见的困难？"

思路：

（1）最好不要说出具体的困难，多谈自己面对困难时所持的态度。

（2）比如说"工作中出现一些困难是难免的，但是只要有坚忍不拔的毅力、良好的合作精神以及周密充分的准备，任何困难都是可以克服的"。

本章总结

本章主要讲述了以下几个方面的内容：

❑ 就业的概念和特征，就业指导的含义和原则，就业指导的主要内容——信息指导、心理指导、求职技术指导，以及职业院校开展就业指导的重要意义。

❑ 求职的前期准备相关知识，如求职信的撰写、简历的撰写等。

❑ 面试的六种主要形式，面试的主要内容有哪些，面试前的准备，以及面试过程中的注意事项。

第10章

踏入职场

本章目标

- ❑ 了解职业角色的转换，正确区分学生角色与职业人角色，了解适应角色转换的途径
- ❑ 了解初入职场应具有的态度和品质
- ❑ 掌握求职信和简历的写作技巧
- ❑ 了解签订就业协议的原则和签订劳动合同的注意事项

自我思考

从校园到职场，不论是人生所处阶段、所处环境，还是接触到的人，都发生了变化。从学生到职场人，职业院校毕业生应尽快适应这个角色转换，尽快适应职场环境，只有这样才能顺利走过这个人生的十字路口。在开启自己的职业生涯前，请同学们先思考下面的问题：

（1）怎样正确认识职场和职业角色的转换？

（2）怎样提高自己的心理承受能力？

开篇故事：把握机会，勿失良机

陕西M电脑学院环境设计系毕业生小雷，参加了学校举办的毕业生双向选择招聘会。西安市一家路桥工程设计公司看了他的个人简历，觉得他条件不错，愿意接收他，并且带领他到公司实地参观，公司人员也承诺，他到公司后一定会有良好的发展空间的。虽然小雷也愿意到该公司去，但是他感觉这家公司位于郊区，有些偏僻，交通不是很便利。于是他又去找学校就业指导中心的老师咨询，老师认为这家公司各方面都不错，要他抓紧时间去面试。

也许是这次机会对小雷来得太容易，他反而做出了不去该公司的决定，想再看看其他的招聘公司。学校老师都觉得很遗憾。这样三天过去了，经过几家用人单位的对比，小雷思想上发生了变化，又想去这家路桥工程设计公司上班，但这时该公司的招聘人员已经离开学校了，后来就业办老师帮他联系该公司，公司工作人员表示目前招聘已经结束，不再招聘新人了。小雷这时感到很后悔，当初没有听老师的话，自己没有把握住这个机会。

毕业生在找工作的时候，一定要及时转变思路，明白自己即将踏入职场，应尽量从职场人的角度而不是学生的角度考虑问题，不然就会像小雷一样错失良机，后悔晚矣。

10.1 转变职业角色

就业问题

职业院校毕业生从学生角色转变到职业人角色，当中包含着角色冲突、角色学习和角色协调等一系列过程。然而在面临角色转换问题时，总有部分毕业生不想离开学校和老师，不敢走入社会，不敢去面对新的环境。那么毕业生该如何面对角色转换的问题呢？

因此，职业院校毕业生在开始自己的职业生涯之前，应该学习一些相关知识，对自我，对即将从事的职业，对社会等都要进行深入细致的了解和调查分析，找出自身的不足，提高心理承受能力，加强对职业角色的认知，作好上岗前的各项准备，顺利地实现角色转换。

10.1.1 学生角色与职业人角色的差异

学生角色与职业人角色的主要差异表现在以下几个方面。

1. 活动方式的差异

学生的主要活动是学习书本知识，而职业人的主要活动则是利用自己掌握的知识和技能来解决在工作中遇到的各种问题。由学生角色转变为职业人角色，活动方式也由输入性转变为输出性，所以有部分毕业生在离开校园、步入职场后，常感到难以适应。

2. 生活环境的差异

学生时代，生活环境简单又舒适，多数学生每天都过着“宿舍—教室—食堂”三点一线的生活。而职业人的生活环境则完全不同，如节奏快、工作紧张、无寒暑假、时常加班、偶尔出差，可以自己支配的时间很少等。对刚刚步入职场的学生来说，生活环境的改变常会带来极大的工作压力和心理负担。

3. 社会责任的差异

学生角色的社会责任就是在学校里对自己负责，即接受教育、储备知识、锻炼身体，力求全面发展。而职业人角色的社会责任则是以某种特定的身份来履行自己的职责，依靠自己的知识和技能去工作，要对他人、对社会负责。所以，职业人在工作中表现得好与坏，不仅仅是个人的事情，还会影响到他人、单位，甚至是社会。比如，一个学生学习是好是坏，一般只与这个学生是否聪明或是否用功有关，是学生个人及其家庭的事，而基本上不会影响他人或社会，但职业人如果不做好自己的工作，就会对同事、单位甚至社会产生不良影响。

4. 人际关系复杂程度的差异

在校园里，学生的人际关系就是同学关系和师生关系，比较单纯；而职场人的人际关系则复杂多了。因此，初入职业环境常常令毕业生感到不适应，不过毕业生一定要明白，在复杂的环境和人际交往中占有一席之地是一个人在职业环境中站得住脚的重要一步。

10.1.2　适应角色转变的途径

职业院校的学生想要尽快适应从学生角色到职业角色的转变，可从以下几个方面着手。

1. 面对现实，适应角色变化

职业院校的学生在学校时已经接受了正确的人生观和价值观教育，相比职业人，缺少的是社会历练和工作经验。初入职场时，刚毕业的学生对职业环境都有理想化的向往，看到社会不良现象时常常感到迷茫和困惑。面对从学生到职业人的角色转变，毕业生要学会面对现实，正确看待各种矛盾，克服各种困难，秉承“先就业再择业”的原则，正确分析自我优势，选择适合自己的工作岗位，努力积累社会和工作经验，只有这样，才能尽快适应角色的转变。

2. 树立新的意识，做好思想准备

刚步入职场的毕业生，对角色转变的思想认识往往是模糊的，尤其缺乏对职业观念的了解。初入职场，毕业生首先要树立独立意识和责任意识，毕业后，离开了老师呵护和同学帮助，在生活上要自理，在工作上要独当一面，没有独立意识和责任意识是不行的。其次要树立团队意识。在职场中，任何工作的开展，都必须要团队合作，相互配合才能完成。毕业生在初入职场时，就要从整体利益出发，树立独立意识、责任意识和团队意识，做好成为优秀职场人的思想准备。

3．坚持学习，完善自我

研究数据显示，在职业院校学习时掌握的知识，有 45% 左右在工作中能用得上，55% 左右的知识则可以作为储备，因此，学生在走进工作岗位后要不断地学习和充实自己，时刻准备着去接受新知识，开拓视野，坚持学习，完善自己。

10.2 初入职场的注意事项

就业问题

有许多刚走向职场的毕业生，对单位同事不屑一顾，工作也不好好干，上班摸鱼玩手机。时间长了，工作没做好，与同事的关系也没处好，然后感觉自己一事无成，初入职场便惨遭滑铁卢。那么，毕业生面对全新的职场生活，究竟应该注意些什么呢？

10.2.1 工作积极主动

一旦进入职场，就要以职业人的角度去看待问题。还要努力将自己在学校学习的专业知识运用到工作中去。刚开始上班，你的上级领导也不会安排你许多任务，这时也不要坐着玩手机，要让自己有事情做。比如积极主动地整理文件资料，主动向老员工请教工作中遇到的问题。这样做，除了能展现自己的工作热情，还能给你的同事和领导留个好印象。

另外，要做到每天到公司早一点儿，下班晚一点儿。利用工作之余积极主动做一点儿服务性的劳动，如打扫办公室卫生等。积极主动的工作态度，同事、领导都会喜欢。

10.2.2 待人接物踏实守信

踏实守信是待人接物的基本原则。在工作岗位上，要遵守单位的规章制度，与人交往要讲诚信，做事要脚踏实地，这样有助于在单位树立自己诚实守信的形象。相反，为人做事不守信、浮躁，就不能获得别人的信任和尊敬。同时，对外保守单位秘密，认真对待单位事务，也是企业对员工的纪律要求。

10.2.3 不贪小利

做人应有远大理想，毕业生初入职场一定要正确处理工作和赚钱的关系，不要因为蝇头小利而毁了自己的前途。应意识到，在工作上，每个人都是平等的，尤其是待遇问题更是如此，越有能力的员工，得到的待遇就越优越。所以对刚刚参加工作的人来讲，不要过于急躁，盲目求利，最好的做法就是将本职工作做好，踏实工作，提升技术能力，认真学习，总有一天能获得成功。

10.2.4 立足岗位，接受历练

做好本职工作的基础就是立足岗位，若是刚步入工作岗位就想换个工作，这样你就无法获得经验，取得进步，就不能成就一番事业。不要总是抱怨，抱怨自己干这个工作屈才，抱怨自己的聪明才智不能展现出来，抱怨工作环境不好、每天加班加点、福利不丰厚，抱怨自己的同事素质不高、文化水平低，抱怨自己就是千里马，没有遇到伯乐……

有志青年不抱怨工作环境，不挑剔工作岗位，不提出过高要求。而是立足自己的工作岗位经受历练，培养自己的能力，力争做好本职工作，用发展的眼光追求自己的发展前景。

典型案例：小玲升职记

小玲从职业院校毕业后进入一家杂志社做排版工作，由于她的专业技能比较扎实，工作态度也比较认真，只工作了短短几个月的时间就受到领导和同事的一致好评。然而，杂志社提供给新员工的工资待遇不是很高。工作时间长了，有的新员工开始抱怨："本想着在杂志社能够拿到很高的薪水和福利，但没想到工作都快一年了，还没有涨工资。"许多人的思想开始动摇了。

由于杂志社正在进行一系列儿童图书的编辑、排版工作，杂志社又没有招聘新的员工，人手不够，每个员工都分配了许多的工作任务，还经常被安排加班。这样一来，不仅是新员工，连老员工也开始出现不满情绪，不断抱怨工作时间太长。只有小玲什么都没有说，也乐意接受领导的安排，她默不作声地埋头苦干，认真做好自己的本职工作。

两年的时间过去了，当初和小玲一起入社的员工，有的已经离职了，有的还在杂志社，但工资和福利待遇仍然没有太大提升。而小玲不但薪水翻了倍，还当上了排版部门的小领导。

【案例分析】

初入职场的学生很容易对自己期望过高，认为自己一开始工作就应得到公司领导的认可，并将薪水和待遇看作衡量成功的唯一标准。没有工作经验的毕业生，你工作的目标应当是积累工作经验，当工作经验积累到一定程度时，自然会得到升职加薪的机会。

10.3 就业权益保护

就业问题

毕业生的就业问题一直受到社会的关注，因劳动力市场供大于求，所以毕业生的就业压力很大。此外，毕业生在就业市场中属于弱势群体，面对良莠不齐的用人单位，毕业生就业的合法权益频频受损。许多毕业生因急于就业而委曲求全，也有用人单位故意在签约时给毕业生设陷阱，导致双方发生争议，甚至还惹上官司。

那么请你思考一下：毕业生在就业求职过程中，怎样维护自身权益，进而顺利成功就业呢?

10.3.1 就业协议书

《全国普通高等学校毕业生就业协议书》，简称就业协议书或者三方协议，是指根据国家相关就业政策签订的，明确毕业生、用人单位、学校三方在毕业生就业当中的权利和义务关系的书面协议。签订就业协议书是一种法律行为，毕业生和用人单位协商后，在就业协议书上签字盖章后就可生效。就业协议书一般由当地相关教育部门统一制作，一式三份，拥有唯一编号。

10.3.2 签订就业协议书的原则

就业是学生人生道路上的第一次职业选择，为更好地保障自己的合法权益，在和用人单位签订就业协议书时，一定要注意以下两个原则。

1. 主体合法

签订就业协议书时，毕业生必须具备合法的主体资格，也就是必须取得毕业资格。如果毕业生在去新单位报到时还没有取得毕业资格，用人单位可以不接收该毕业生，且不用承担法律责任。对用人单位来说，主体合法是指用人单位必须具备从事各项经营或管理活动的能力，有录用指标和录用自主权，否则毕业生有权解除协议。对学校来说，学校应如实地向用人单位介绍毕业生的真实表现，并如实地将用人单位的信息发送给毕业生。

2. 平等协商

签订就业协议书的各方都具有平等的法律地位，三方的基本权利和义务是一致的，任何一方都不能将自己的意志强加给对方。学校不能强制学生到指定的单位就业，用人单位不能要求学生交纳保证金、培训费等。

10.3.3 劳动合同

劳动合同是指劳动者与用人单位之间签订的确立劳动关系、明确双方权利和义务的协议。签订劳动合同是为了能够在法律上确立劳动者与用人单位之间的劳动关系，将双方的有关权利、义务通过书面合同的形式确立下来，并使之特定化、具体化，从而更好地维护劳动者和用人单位的合法权益。

根据《中华人民共和国劳动合同法》的规定，劳动合同应当具备以下条款：

（1）用人单位的名称、住所和法定代表人或者主要负责人。

（2）劳动者的姓名、住址和居民身份证或者其他有效身份证件号码。

（3）劳动合同期限。

（4）工作内容和工作地点。

（5）工作时间和休息休假。

（6）劳动报酬。

（7）社会保险。

（8）劳动保护、劳动条件和职业危害防护。

（9）法律、法规规定的其他事项。

10.3.4 签订劳动合同的原则

根据《中华人民共和国劳动合同法》的规定，订立劳动合同，应当遵循以下三个原则。

1. 合法原则

订立劳动合同的双方不得违反法律和行政法规的规定，也就是说，订立合同的主体和内容必须合法。对不合法的内容，要运用法律武器维护自己的合法权益。

2. 公平原则

劳动合同的内容应当公平、合理，也就是要在符合法律规定的前提下，劳动合同双方公正、合理地确立双方的权利和义务。

3. 平等自愿原则

订立劳动合同的劳动者和用人单位的法律地位平等。只有做到地位平等，才能使所订立的劳动合同具有公正性。用人单位不能强迫或欺骗劳动者签订劳动合同，劳动者签订劳动合同应完全出于自己的意愿。

10.3.5 签订劳动合同时的注意事项

为了维护广大劳动者与用人单位的合法权益，国家制定并颁布了《中华人民共和国劳动合同法》。《中华人民共和国劳动合同法》第三条明确规定，“订立劳动合同，应当遵循合法、公平、平等自愿、协商一致、诚实信用的原则”。在签订劳动合同时里面有许多学问，为确保自己在签订劳动合同过程中的合法权益，需要注意一些事项。

1. 掌握相关知识

毕业生在签订合同前，有必要先做做这方面的功课，了解相关法律的相关规定，比如劳动合同的确定、执行、变更、废除、双方责任等相关的规定。这样就能在求职活动中保护自己的合法权益，这样一来，即使用人单位违反了合同，也知道该怎样利用法律来维护自己的权益。

2. 要签订书面合同

在《中华人民共和国劳动合同法》第十条有明确规定：“建立劳动关系，应当订立书面劳动合同。”不管什么原因，用人单位不签订书面劳动合同就是对劳动者不负责任。劳动者有权要求用人单位签订书面合同，合同应一式两份，劳动者和用人单位各保留一份。

3. 试用期也要签订劳动合同

劳动合同约定的试用期是包括在劳动合同期限之内的，最长不能超过 6 个月。用人单位在试用期过了再与劳动者签订劳动合同、试用期大于 6 个月的劳动合同等都是违反《中华人民共和国劳动合同法》规定的。

4. 拒绝不正当收费

在签订劳动合同的时候，用人单位让劳动者交纳各种押金、风险金等的做法都是不合法的。已交纳的各种费用，劳动者可要求用人单位退还。

5. 仔细查看劳动合同内容

为了提高签约效率和节省签约时间，常见的是签订格式合同，即用人单位事先拟订好劳动合同，让劳动者做出是否签约的决定，劳动合同的内容一般是固定的。劳动者在签订这种格式合同时要注意仔细查看内容，并及时对其中的不合理部分提出疑问。

6. 远离合同陷阱

在签订劳动合同的时候，毕业生要注意远离以下合同陷阱：

（1）试用期陷阱。比如，分开签订试用期合同和正式劳动合同；毕业生要在试用期间承担违约相关责任；试用期间，用人单位不给劳动者缴纳社会保险，等等。

（2）职位陷阱。比如招聘岗位与实际工作岗位不一致。

（3）承诺陷阱。比如工资不发放等。

（4）细节陷阱。比如模糊合同条款；劳动者先签合同，用人单位再附加不平等条款；用人单位将合同扣压下来不给劳动者；规定工伤概不负责等。

典型案例：因劳动合同引起的纠纷

2018 年 6 月 20 日，毕业生小刘与 E 装修公司签订了为期两年的劳动合同。后来，E 装修公司为了业务需要派小刘到深圳培训半年，并且双方商议，参加培训期间劳动合同继续有效，培训时间计入劳动合同期限。2020 年 5 月 19 日，合同期满，但 E 装修公司不同意办理小刘解除劳动关系的手续，要求小刘必须续订劳动合同，否则就要小刘赔偿公司为其支付的培训费6 000元，为此双方发生矛盾。小刘向当地劳动仲裁部门提出仲裁申请，经过调解，公司同意与小刘解除劳动关系，并自动放弃收取培训费的诉求。

【案例分析】

这是一起因强迫续订劳动合同而产生的劳动纠纷。本案例中，小刘与E装修公司的劳动合同期满，双方按照合同规定的条款履行了各自的权利和义务。合同终止后，双方的劳动关系也随之解除。如果想继续维持双方的劳动关系，那就必须在平等自愿、协商一致的基础上重新签订劳动合同，如果一方不同意，则不能续订劳动合同。

探索活动：职业角色转换

活动目的

让学生真实体验学生角色和职业角色的区别，以帮助学生更好地完成职业角色的转变。

活动要求

（1）把学生分成几个小组，每组5人。

（2）每个小组选择下面一种作为训练的内容，进行模拟训练：

①你的公司参加全省产品展销会，你将如何推介你公司的产品？

②你是家装公司的设计师，为客户介绍中式风格的设计方案。

③有一客户投诉你公司的产品有质量问题，你接到电话后应如何解决问题？

④因工作中的小事你和公司的同事发生了矛盾，怎样解决？

⑤公司的正常会议正在召开，突然停电，后勤保障服务部门应如何解决问题？

（3）根据自己专业设计其他合理的职业场景。

（4）在进行模拟训练时，可根据现实情况对情境进行细化设计，也可以提前写好剧本再按照剧本进行演练。

活动考核

职业角色转换训练结束后，可根据表10-1中的评分标准对各组进行打分。

表10–1　评分标准表

项目名称		评分结果			
评价内容	评价标准	自我评分	小组评分	教师评分	合计
情境细化性（40分）	情境训练设计合理、生动，符合逻辑，职业转换符合训练需要，亮点突出				
训练过程（60分）	职业角色是否标准，训练扮演是否流畅、到位，语言是否清晰，是否表现力强，能体现职业所需的素质和能力				

能力训练

对第 9 章“探索活动：模拟面试”进行细化设计，拟一个面试情境剧本，然后按照剧本进行演练。

拓展延伸

职场能力测验：

请仔细阅读下面的题目，然后在三个选项中选择最符合你情况的一项。

（1）自己的工作出现问题，你（　　）。

A. 会随时随地找人倾诉

B. 会在和别人聊天的时候说出来

C. 不告诉别人，怕被别人发现自己的弱点，对自己不利

（2）工作中遇到困难时，你（　　）。

A. 会毫不犹豫地向领导寻求帮助

B. 会向熟人请教

C. 很少麻烦别人，独立解决

（3）你到一个陌生的地方见一个客户，中途找不到路，你（　　）。

A. 会打开手机查看地图

B. 会大声抱怨

C. 会耐心等待过路的人，找路人问路

（4）当你到商场买衣服时，你（　　）。

A. 会选择固定的款式

B. 会跟随潮流

C. 会在购买前，听取朋友的意见

（5）在热闹混乱的工作环境里，你（　　）。

A. 会觉得很烦，不能静下心来做事

B. 不受影响，继续做自己的事

C. 能集中精力做事，但会受到一定影响

（6）和别人争吵时，你（　　）。

A. 能有力地反驳对方

B. 常常事后才想起如何反驳对方

C. 能反驳，但无多大力量

（7）每次参加正式考试，你的成绩（　　）。

A. 常比平时的成绩好

B. 与平时的成绩差不多

C. 常不如平时的成绩好

（8）在公众面前讲话时，你（　　）。

A. 会怯场，说话变得结结巴巴

B. 能侃侃而谈

C. 会感觉困难，但还是会想办法完成

（9）受到别人的批评，你（　　）。

A. 会想找机会回敬他

B. 会检讨自己，找到受批评的原因

C. 直接找到批评自己的人，向他虚心请教

（10）你符合下列哪种情况（　　）。

A. 不安于现状，想做出改变

B. 凡事只求平稳，不做出格的事

C. 稳中求变

（11）和别人起了冲突时，你赞成下面哪一种做法（　　）。

A. 只要是正确的，就坚持，不怕打击

B. 让对方让步，就过去了

C. 自己让步，把矛盾降到最低

（12）假如自己上了电视时，你（　　）。

A. 有点自豪，但并不以为然

B. 很高兴，想让朋友看到

C. 完全不感兴趣

（13）为了给人留下好印象，你（　　）。

A. 想方设法去努力

B. 不刻意去做，但有机会就去努力

C. 根本不在乎别人怎么看自己

（14）如果你的同事带来一个你最不喜欢的人到你家里，你（　　）。

A. 会表示惊讶

B. 把不快的情绪完全隐藏起来

C. 先忍耐一下，事后把实情告诉你的同事

（15）对工作性质的聚会，你（　　）。

A. 会看情况，只参加有领导参与的

B. 在没办法时才参加

C. 讨厌，不参加

（16）当工作出现紧急情况时，你（　　）。

A. 能保持冷静，做事仍能有条不紊，把握分寸

B. 会紧张，但仍能正常工作

C. 会失去冷静，做事变得慌乱

（17）半夜醒来，你因种种不安不能入睡，这种情况（　　）。

A. 常常出现

B. 偶尔出现

C. 极少出现

（18）在靠智力处理一些事情时，你的表现（　　）。

A. 比一般人差

B. 与一般人无异

C. 超人一等

（19）只要没有错，不管别人怎么说，你总能心安理得（　　）。

A. 是

B. 不确定

C. 不是

（20）你同意下列哪一种观点（　　）。

A. 为了深入了解自己的公司，学习其他公司的东西是件好事

B. 其他公司的事与我没有任何关系

C. 学习其他公司的东西比学本公司的东西更重要

计分方法：根据自己的选项，对照下表计算出自己的得分。

	1	3	4	5	6	7	8	9	10	11	12	13	14	15	16	17	18	19	20
A	2	3	2	1	1	3	3	1	2	1	3	3	1	2	3	3	2	2	3
B	3	1	3	2	2	2	1	3	1	2	2	1	2	3	2	2	1	3	2
C	1	2	1	3	3	1	2	2	3	3	1	2	3	1	1	1	3	1	1

你的得分是（　　）。

如果得分为 49 ～ 60 分，说明你的职业能力很强。

如果得分为 37 ～ 48 分，说明你的职业能力较强。

如果得分为 25 ～ 36 分，说明你的职业能力一般。

如果得分低于 25 分，说明你的职业能力较差。你需要在今后的学习、生活和工作实践中有意识地提高自己的心理承受能力和适应能力，并培养自己的职业能力。

本章总结

本章主要讲述了以下几个方面的内容：

❑ 就业后，学生将面临职业角色转换的问题，如学生角色和职业人角色的差异，角色转换的途径等。

❑ 了解初入职场应有的态度和品质，包括积极主动的工作态度；诚信踏实的待人态度；不贪小利的个人品质；立足岗位，接受历练。

❑ 就业协议的含义和签订原则，签订原则包括两点，即主体合法、平等协商。劳动合同的含义、签订原则和注意事项，其中原则有三点，即合法原则、公平原则、平等自愿原则。

参考答案

第 1 章　培养创新之魂

1.1　创意是创业之魂

1. 提示：如保鲜瓶、塑料花瓶、酱料瓶、火箭装置、导水管、游泳圈、刷牙杯、塑料绳、凳子、笔筒、浇花器、降温小空调等。

2. 将中心垂直的两根放到另外一个口中，组成小田字则有四个小正方形、一个较大正方形和一个最大正方形，共六个；将角上的两根放到另外一个口中，组成小田字则有四个小正方形和三个大正方形，共七个。

3. 略。

1.2　创新即生活

1. 通过人员结构创新，劳动生产率提高了，相当于在用人方面的创新。启示我们要开拓思维创新，创新可以提高生产效率。

2. 提示：创新是指以现有的思维模式提出有别于常规或常人思路的见解，利用现有的知识和物质，本着满足社会需求，而改进或创新的事物、方法并能获得一定有益效果的行为。

1.3　由创新到创业

（1）金字塔、脚踏板、风扇叶、墙角、火箭、路口、钓鱼、河流、国旗。

（2）略。

第 2 章　训练创新能力

2.1　创新思维

1. 略。

2.（1）一言为定、一往无前、一年一度、一鸣惊人、一知半解、一筹莫展、一览无余、一无所获、一技之长；二话不说、二分明月、二八年华、二龙戏珠、二人同心、二十四友；三更半夜、三心二意、三山五岳、三番五次、三教九流、三令五申、三言两语、三天两头、三长两短、三朝元老、三从四德、三姑六婆、三生有幸；四海为家、四面八方、四面楚歌、四平八稳、四脚朝天、四大皆空、四分五裂、四通八达；五花八门、五谷丰登、五彩缤纷、五颜六色、五光十色、五湖四海、五脏六腑、五体投地、五花大绑、五马分尸、五味俱全、五大三粗、五彩斑斓；六神无主、六出冰花、六根清净、六亲不认、六道轮回、六合同风、六出奇计、六畜不安；七上八下、七零八落、七情六欲、七拼八凑、七嘴八舌、七破八补；八仙过海、八拜之交、八面玲珑、八斗之才、八方呼应、八面受敌、八面威风、八面圆通、八字打开；九牛一毛、九牛二虎之力、九死一生、九五之尊、九九归一、九泉之下、九天揽月、九年之蓄；十字路口、十全十美、十指连心、十世单传、十有八九、十万火急、十恶不赦、十年寒窗等。

(2) 降温退热、冷敷烫伤、治中暑、治皮炎、止出血、制作冷饮、冰雕等。

(3) 反向雨伞、夜光伞、智能雨伞等。

(4) 洗手、止痒、润滑、除雾、防霉、除锈、隔离油漆等。

(5) 区分人群，哪些是必须坐电梯的，哪些是没必要的；可以对公司相应部门不同性质实行错峰上下班制度（可能带来业务上的不便），规定各部门电梯乘坐时间，对不同楼层规定不同时间段乘坐电梯；运用高科技沟通手段，实行外勤打卡制度，对于那些并非一定在办公室办公的人员，可以实行外勤制，运用通信软件进行必要沟通等。

(6) 第一种，太阳影响植物的生长。第二种，温度影响西瓜的甜度。第三种，氧气影响燃烧的程度。第四种，知识影响一个人的命运。第五种，文化影响一个人的素质。

(7) 略。

3. (1) ①办公室，其他的都表示一类具体的房屋 ②鲸鱼不是鱼类

(2) ① 14　② 9 [第一行的数字和是 14，第二行的数字和是 16，第三行的数字和是 18（等差数列）]　③ V

(3) 10:10

(4) 若小明说真话，那么小兵就是说谎，小兵就是说真话，与条件相矛盾。若小兵说真话，那么小明就是在说谎，小刚也是说谎，与条件相符合。若小刚说真话，那么小兵就是在说谎，小明就是没说谎，与条件相矛盾。总结：第一种情况：二真一假，错；第三种情况：二真一假，错。因此小兵是说真话。偷吃苹果的孩子是小明。

4. (1) 桌子和椅子都是房间家具；通常都是用木头制作的；都有 4 条腿；顶面都是平的……。人才市场和商品市场：交易、双方协商、合同、面对面……。工厂和学校：人、管理、制度、遵守……。

(2) 前方事故、交警、管制、通车……。

(3) 人山人海、广场、黄金周旅游……。

(4) 关系联想。

(5) ①天空—大地—树木—茶树—茶。②钢笔—写字—诗句—举头望明月—月亮。

5. (1) 将其中四杯水，都倒点出来，混在一起，尝尝，有甜味，则这四杯水里有糖水，否则是另外四杯；将有糖水的那四杯，选两杯，倒点出来，混在一起，尝尝，有甜味，则这两杯水里有糖水，否则是另外两杯；将有糖水的两杯，任选一杯尝尝，就找出盛白糖水的杯子来了。

(2) 假设小红的裙子是黑色的，那么三种看法都是正确的，不符合题意；假设是黄色的，前两种看法是正确的，第三种看法是错误的；假设是红色的，那么三句话都是错误的。因此，小红的裙子是黄色的。

(3) 第一次交易：-8（成本）；第二次交易：$-8+9=1$（含成本的利润），此时有 9 元

的成本；第三次交易：$-8+9-10=-9$（9元的成本，再加1元的成本买进，此时的成本为10元）；第四次交易：$-8+9-10+11=2$（但是前面的成本是10元，卖出为11元，只赚了1元）。

（4）两头同时点燃，烧完正好半小时。

2.2 束缚创新思维的枷锁

1. 8天。

2. 因为绳子一头拴着牛的鼻子，另一头并没有固定。

3. 64s。因为从1楼走到4楼要走3层楼梯，每层楼梯要走$48\div3=16$（s），从4楼走到8楼要走4层楼梯，也就是说，从4楼到8楼所走的时间是$4\times16=64$（s）。

4. 两个是11，3个是111，4个是11的11次方。

5. 总共两个豆子，一个黑豆，一个红豆。

6. 略。

2.3 创新技法

1.（1）如何改善城市交通拥堵状况：在软件方面，加强交通安全意识宣传、加强机动车驾驶员的素质培训、加强监控调度力度，完善系统化交通等；在时间方面，信号灯、单双号车牌出行控制、局部高峰时段车流控制等；在空间方面，完善交通设施，如立交桥、高架道路、地下行车道、分流等，扩建道路，对城市道路分级管理，城市道路等级分快速路、主干路、次干路、支路四级；在硬件方面，利用多渠道的交通，并合理协调等。

（2）如何改变城市空气污染：减少污染排放量，多采用无污染能源（如太阳能、风能、水力发电）和低污染能源（如天然气），对燃料进行预处理（如烧煤前先进行脱硫），改进燃烧技术等均可减少排污量；使用除尘消烟技术、冷凝技术、液体吸收技术、回收处理技术等消除废气中的部分污染物，可减少进入大气的污染物数量；植物净化法，如利用植物源消毒灭菌等。

2.

智能手环的创新思路

序号	检核类别	引出发明
1	能否他用	其他用途：计步器、测量距离
2	能否借用	增加功能：心率测量
3	能否扩大	扩大电池容电量
4	能否缩小	降低成本和费用
5	能否改变	改变形状
6	能否代用	代替医疗检测器
7	能否调整	改用太阳能电池
8	能否颠倒	边用边充电
9	能否组合	组合成对讲机

3.（1）What——是什么？选购手机品牌的目的是什么？

（2）Why——为什么？为什么要进行手机品牌选购分析？

（3）Who——谁？你对选购手机品牌有哪些合理化建议，你打算推荐给谁？

（4）When——何时？你什么时间完成对手机品牌选购的分析？

（5）Where——何处？你先从哪个方面进行分析？

（6）How——怎么做？你认为手机功能重要，还是性价比更重要？

（7）How much——多少钱？你打算选购什么价位的手机？

4.（1）移动床、位于浴室附近的加热器、卧室自动门锁、自动化运送装置、让人有安全感的窗帘、自动化窗帘、不同颜色的卧室、让人有安全感的运送装置、移动加热器……。

（2）用 A4 纸卷成纸筒，把乒乓球吸起来取出。

5.（1）缩短——折叠伞。

（2）缩小——柱形把手。

（3）不用手动撑开和收拢——自动伞。

（4）取消伞尖——平顶伞。

（5）减重——轻型伞。

（6）可视性——透明伞。

（7）淋湿面朝里——折叠设计。

（8）加固——双层伞骨结构。

（9）固定——伞可以固定在车把上。

第 3 章　打造创业根基

3.1　创业动机的培养

略。

3.2 创业者应具备的素质和能力

1. 略。

2.（1）因为他们有主见、敢于冒险、顽强执著。他们勤劳，富有创业者的社会责任感。他们组建创业团队，分工合作，各司其职，为成功创业造就了基础。

（2）电影中的成东青外表看似自卑懦弱，实则大智若愚，是一个深藏不露，冷静、淡定的人，是团队中实干骨干的代表，具有良好的创业心理品质和强烈的创业意识。孟晓骏是一个很典型的海归人士，是负责管理的幕后推手，是团队的主心骨。他有上进心，有才华，也有着倔强的性格和精明的头脑。他具有经营管理能力。王阳有着开朗的性格，很乐观，积极向上，喜欢浪漫和自由，是团队中的润滑剂，具有交往协调能力。

（3）他们有主见、敢于冒险、顽强执著，他们有责任心、勤劳，这些创业素质使他们组建的创业团队彼此了解，相互信任，理念一致，取长补短，相得益彰。当生意陷入困境时他们没有相互推诿或责备，而是共同努力。他们一直在创新、寻找机会，拓宽公司业务，具有创业者的团队精神和顽强拼搏的创业素质。

3.3　提升素质的方法

1. 略。

2. (1) 这位工程技术人员把电灯泡的螺纹改为逆时针方向，而不用传统的顺时针方向，这就意味着小偷认为他们正在拧下灯泡时，实际上他们正在拧紧。

(2) 鞋店在外摆放一双鞋子中的一只作为陈列品，一家鞋店摆放的是左鞋，其他三家摆放的是右鞋，小偷偷走这些陈列的鞋子之后，还必须把它们配成对，因此，摆放左鞋的鞋店被偷走的鞋子要多于其他三家。管理者把陈列的鞋子改成右鞋，这样被偷走的数量就大幅度下降了。

(3) 这个人是一个慈善家，他购买了大量羊草，然后以穷人们都能够支付得起的价格卖给他们。他一开始是一个亿万富翁，但是他的慈善行为使他丧失了大量金钱，因此成了一个百万富翁（假如你假设成为百万富翁的唯一方法就是兢兢业业地积累到那么多的财富，那你所作的假设就会使你无法解决这个问题）。

第 4 章　把握创业命脉

4.1　寻找创业机会

变化带来的商机

社会、政策变化	商机 1	商机 2	商机 3	商机 4
“互联网＋”时代的到来	互联网＋医疗	互联网＋教育	互联网＋旅游	互联网＋体育
数字化普及	数字分析师	电子媒体	数字化电视	数字人民币
产业转型升级	“穿越式”购物	商圈联盟	企业规模扩大	金融业聚集
旅游业兴盛	游学实践	亲子娱乐	农耕体验	休闲度假
“一带一路”的提出	电子商务	数字经济	智慧城市	科技园区
食品安全	水培蔬菜	超级农场	物联网快件	食品包装

4.2　识别创业机会的方法

1. 可以从多方面的因素进行讨论，比如认知因素、先前经验、个人社会关系和创造性等方面。

2. (1) 开展健康教育与健康促进工作，从合理膳食、适量运动、戒烟限酒、心理平衡等方面详细讲解如何保持快乐的心境，以及老年人常见病的预防保健、用药常识等，提升老年人的身体素质。

(2) 社会家庭养宠物已经成为趋势，甚至是形成养宠物的潮流。宠物成为人们饭后娱乐以及谈论的焦点，丰富了人类的精神生活。让老年人有了精神寄托，不再感到孤独。对于投资者来说此刻介入宠物产业，开宠物店正是时候。

4.3　把握创业机会

略。

第 5 章　创业前有讲究

5.1　做好市场调研

提示：包括调查问卷、数据分析表、分析说明等。

5.2　重视创业风险

探究活动评价表

解决方案	优势	劣势	是否可行
制定咨询公司管理制度	以制度进行约束	限制了自我发挥	是
拟定营销决策方案	有营销依据和方法	限制了其他决策	是
建立沟通渠道和台账清单	减少矛盾和台账可查	需要专人管理	是

5.3　编写《创业计划书》

1. 略。

2. 提示：在电子商务老师指导下完成。

第 6 章　整合创业资源

6.1　创业资源

提示：向亲友借、卖掉闲置物品、与相关企业合作、贷款、先打工创收等。

6.2　团队建设

提示：调查该员工迟到原因，亲情关怀；执行公司的规章制度等。

6.3　创业融资

略。

第 7 章　走好创业第一步

7.1　企业的创建

提示：在城南地段开服装店。创业者将地址选择在相关联企业比较集中的地区是比较容易获得成功的。

7.2　企业制度的建立

略。

7.3　财务管理是保障

对场地内的房租、水电费、物业管理费等给予一定减免，降低门槛；大学生创业注册资本可以“零首付”；在不影响他人正常生活的情况下，居民自住楼可以作为注册地址；政府在资金上也给予很大帮助。政府对自主创业者提供小额担保贷款，一般在 5 万元左右，根据人数和项目具体情况，最高额度一般在 50 万元左右，并且为全额贴息；对于劳动密集型小企业，贷款额度为200万元以内，贴息资金由中央财政和当地财政各负担一半。此外，全市所有的区、街道、社区还建立了创业服务平台，提供创业培训与咨询等。

7.4 建立品牌，确定客户

1. 略。

2. 提示：（1）材料主要从网购的品种和数量、购物的方式两方面进行了介绍和分析，同学们还可以从价格、便利性等方面进行分析。

（2）可以随时随地浏览、省力、选择面更宽等。寻求便利的心理。

（3）略。

7.5 合法生存是要务

1. 略。

2. 提示：图书和音像出版发行，必须取得国家统一管理的出版号，必须由经过审核登记的专门从事出版物印刷或者复制业务的单位印制，必须取得《出版物经营许可证》。徐先生的“热销教材”其实就是个“三无”非法出版物。

第8章 驶入创业轨道

8.1 企业的社会责任

略。

8.2 企业文化创建

1. 广义的企业文化是指企业具有物质文化和精神文化；狭义的企业文化是指为全体员工所认同并遵守的、带有本组织特点的使命、宗旨、价值观和经营理念等，以及这些理念在生产经营实践、管理制度、员工行为方式与企业对外形象的体现的总和。

2. 企业制度是关于企业组织、运营、管理等一系列行为规范和模式的总称。是企业全体员工在生产经营活动中须共同遵守的规定和准则，其表现形式或组成包括法律与政策、企业组织结构（部门划分及职责分工）、岗位工作说明、专业管理制度、工作流程、管理表单等各类规范性文件。制度是制定出来让员工不得不遵守的，员工不一定认同，但是必须在制度的限制下进行工作；而企业文化是由员工及企业的精神凝聚而成，是员工所高度认同的制度。

8.3 企业的创新经营

尊敬的王先生（顾客）：

您好！

首先非常感谢您对我们产品的信任，同时我们会竭尽全力为您服务。

但是，我想告诉您，由于我们的新任营业人员的失误错把2万元的计算机记错为1.2万元出售给您，为此我感到十分抱歉！

由于公司方面核算，现需要把差额补上，我们有两种方案供您挑选：①若计算机不影响二次销售，我们全额退款。②如若您喜欢这款计算机，希望您补回差价，我们会有折扣和相关赠品（由于是我方营业人员的失误，我们承担您的来回车费，计算机保修由一年延续至两年）。

再次对给您带来麻烦感到抱歉，如果处理不善新任营业人员将会得到严肃处理。我们衷心希望这个问题能及时解决。静候您的回复。

附：我公司营业电话 ×××

公司营业部李经理

20×× 年 × 月 × 日

第 9 章　走向就业之路

9.2　就业指导的意义

略。

9.4　面试及注意事项

提示：根据应聘企业情况可用中文介绍也可以用英文介绍。不但要介绍自己的姓名、年龄、爱好、工作经历、理想愿望，还要对自己的特长、优点进行介绍，可以适当地加入一些自己的才艺展示。最后就是自我介绍的结束语。

第 10 章　踏入职场

10.3　就业权益保护

略。

参考文献

[1] 冯丽霞，王若洪．创新与创业能力培养 [M]．北京：清华大学出版社，2013．
[2] 李家华．创业基础 [M]．北京：北京师范大学出版社，2013．
[3] 李秋斌．大学生创业指导 [M]．北京：北京大学出版社，2013．
[4] 李时椿，常建坤．创新与创业管理：过程·实践·技能 [M]．南京：南京大学出版社，2001．
[5] 李肖鸣，朱建新．大学生创业基础 [M]．2 版．北京：清华大学出版社，2013．
[6] 李贞．职业生涯规划与创业指导 [M]．镇江：江苏大学出版社，2013．
[7] 吴晓义．创业基础：理论、案例与实训 [M]．北京：中国人民大学出版社，2014．
[8] 杨建平，蒙秀琼．大学生就业与创业指导 [M]．北京：航空工业出版社，2015．
[9] 杨敏．创新与创业指导 [M]．杭州：浙江大学出版社，2011．
[10] 袁风英，王秀红，董敏．创新创业能力训练 [M]．北京：中国书籍出版社，2014．
[11] 张德山．大学生创业教育 [M]．镇江：江苏大学出版社，2015．
[12] 张德山．大学生创业教育案例分析 [M]．镇江：江苏大学出版社，2015．
[13] 章小莲．大学生就业与创业指导 [M]．北京：航空工业出版社，2015．
[14] 张玉利．创业管理 [M]．2 版．北京：机械工业出版社，2011．
[15] 钟宇，朱勇刚，蔡向阳．创新创业实践能力训练 [M]．镇江：江苏大学出版社，2016．
[16] 王凯．大学生创新创业理论与实务 [M]．上海：上海交通大学出版社，2018．
[17] 张钱．大学生创新创业教育教程 [M]．上海：上海交通大学出版社，2018．